Kang Mi-Ae's

꽃이 피네

Kang Mi-Ae's

꽃이 피네

강미애 지음

susukeki

차례

1월 The Month of New Beginnings

스노드롭/노랑 수선화/샤프란/히아신스/노루귀/흰제비꽃/튤립/보랏빛 제비꽃/노랑 제비꽃/회양목/측백나무/스위트 알리섬/수선화/시클라멘/가시나무/노란 히아신스/수영/어저귀/소나무/미나리아재비/담쟁이덩굴/이끼/부들/가을 샤프란/점나도나물/미모사/마가목/검은 포플러/이끼/매쉬 메리골드/노란 샤프란

2월 The Month of Love and Courage

앵초/모과/황새냉이/빨간앵초/양치/바위솔/물망초/범의귀/은매화/서향/멜리사/쥐꼬리망초/갈풀/카모밀레/삼나무/월계수/야생화/미나리아재비/떡갈나무/칼미아/네모필라/무궁화/살구꽃/빙카/사향 장미/아도니스/아라비아의 별/보리/아르메리아

3월 The Month of Awakening and Change

수선화/미나리아재비/자운영/나무딸기/수레국화/데이지/황새냉이/밤꽃/낙엽송/느릅나무/씀바귀/수양버들/산옥잠화/아몬드/독당근/박하/콩꽃/아스파라거스/치자나무/보라색 튤립/벚꽃 난/당아욱/글라디올러스/금영화/덩굴성 식물/흰 앵초/칼세올라리아/꽃아카시아나무/우엉/금작화/흑종초

4월 The Month of Blossoming Hope

아몬드/아네모네/나팔수선화/빨강 아네모네/무화과나무/아도니스/공작고사리/금작화/벚꽃/빈카/꽃고비/복사꽃/페르시아 국화/흰나팔꽃/펜 오키드/튤립/독일창포/자운영/참제비고깔/배나무/수양버들/과꽃/도라지/제라늄/중국 패모/논냉이/수련/빨간 앵초/동백나무/금사슬나무/

5월 The Month of Gratitude and Abundance

카우슬립 앵초/미나리아재비/민들레/딸기/은방울꽃/비단향꽃무/딸기/수련/겹벚꽃/꽃창포/사과/라일락/산사나무/매발톱꽃/물망초/조팝나무/노랑 튤립/옥슬립 앵초/아리스타타/괭이밥/담홍색 참제비고깔/귀걸이꽃/풀의 싹/헬리오토로프/삼색제비꽃/올리브나무/데이지/박하/토끼풀/보랏빛 라일락/무릇

6월 The Month of Light and Growth

연분홍 장미/빨강 매발톱꽃/아마/다마스크 장미/메리골드/노랑 붓꽃/슈미트이아나/재스민/스위트피/수염패랭이꽃/중국 패모/레제다 오도라타/디기탈리스/뚜껑별꽃/카네이션/튜베 로즈/토끼풀/백리향/장미/꼬리풀/달맞이꽃/가막살나무/접시꽃/버베나/나팔꽃/흰 라일락/시계꽃/제라늄/빨강 제라늄/인동

7월 The Month of Freedom and Passion

단양쑥부쟁이/금어초/흰색 양귀비/자목련/라벤더/해바라기/서양까치밥나무/버드푸트/아이비 제라늄/초롱꽃/아스포델/좁은입배풍동/잡초꽃/플록스/들장미/비단향꽃무/흰색장미/이끼 장미/백부자/가지/노랑 장미/패랭이꽃/장미/연령초/말오줌나무/향쑥/제라늄/술패랭이꽃/선인장/서양종 보리수/호박

8월 The Month of Maturity and Fruition

빨간 양귀비/수레국화/수박풀/옥수수/히스/능소화/석류/진달래/시스터스/이끼/빨강무늬제라늄/협죽도/골든 로드/월저먼더/해바라기/타마린드/튤립나무/접시꽃/우단동자꽃/프리지아/짚신나물/조팝나무/서양종 보리수/금잔화/안스리윰/하이포시스 오리어/고비/에린지움/꽃담배/월저먼더/토끼풀

9월 The Month of Harvest and Reflection

호랑이꽃/멕시칸 아이비/마거리트/뱀무/느릅나무/한련/오렌지/갓/갯개매취/흰색 과꽃/알로에/클레마티스/버드나무/마르멜로/다알리아/용담/에리카/엉겅퀴/사초/로즈마리/사프란/퀘이킹 그라스/주목/오렌지/메귀리/고욤나무/떡갈나무/색비름/사과/삼나무/

10월 The Month of Deepening Thoughts

빨강 국화/살구/단풍나무/홉/종려나무/개암나무/전나무/파슬리/회향/멜론/부처꽃/월귤/조팝나무/흰색 국화/스위트 바질/이끼장미/포도/크랜베리/빨강 봉선화/마/엉겅퀴/볏풀/흰독말풀/매화/단풍나무/수영/들장미/무궁화/해당화/로벨리아/칼라

11월 The Month of Stillness and Reminiscence

서양모과/루피너스/브리오니아/골고사리/단양쑥부쟁이/등골나물/메리골드/가는동자꽃/몰약의 꽃/부용/흰동백/레몬/레몬 버베나/소나무/황금싸리/크리스마스 로즈/머위/산나리/범의 귀/뷰글라스/초롱꽃/매자나무/양치/가막살나무/개옻나무/서양톱풀/붉나무/과꽃/바카리스/낙엽

12월 The Month of Closure and Blessing

쑥국화/이끼/라벤더/수영/앰브로시아/바위취/양치/갈대/국화/빨간동백/단양쑥부쟁이/목화/자홍색 국화/소나무/서향/오리나무/벚꽃난/세이지/스노 플레이크/파인애플/박하/백일홍/플라타너스/겨우살이/서양호랑가시나무/크리스마스 로즈/매화/석류/ 꽈리/납매/노송나무

당신은 알고 있나요.
태어난 그날에, 꽃 한 송이 피어났다는 것을.
꽃은 피어 있는 것만으로도 충분히 아름다운 존재입니다.
마치 이 하루가 당신을 위해 준비된 것처럼.
나는 그 사실을 알게 된 어느 날부터
매일매일의 꽃말을 따라 글을 쓰기 시작했습니다.
이 책은 365개의 꽃말로 엮은 생각의 정원입니다.
바람이 차가운 날에는 작은 온기처럼
길이 보이지 않는 날엔 가만히 빛나는 등불처럼
외로운 날에는 조용히 곁에 있는 벗처럼
무심한 날에는 어깨를 다독이는 위로처럼
늘 머물 수 있기를 바랍니다.
당신의 하루가 어떤 빛깔이든
그 하루에 꼭 어울리는 꽃이 있다는 걸 기억해 주세요.
당신은, 세상에 단 하나뿐인 꽃입니다.

*꽃이름과 꽃말 참고
『A Year of Flowers: A Journal of Daily Wisdom - Cheralyn Darcey』 Rockpool Publishing,
『내가 태어나던 날, 꽃이 피었었네요:365일 탄생화와 꽃말』박화진, 『366일 탄생화』날마다 그림

새로운 시작, 결심의 달
The Month of New Beginnings

Jan 1st

 스노드롭 Snow Drop - 희망, 깊은 애정

희망은 그 자체로 행복하다. 샤를 보들레르

◇◇◇◇◇◇

희망은 어두운 밤에 빛나는 별과 같습니다. 어둠 속에서도 빛을 발하는 별처럼, 우리가 처한 현실의 어려움과 고통 속에서도 존재하니까요. 희망은 단지 미래에 대한 기대만을 의미하지 않습니다. 그것은 현재를 살아갈 이유이기도 합니다. 누군가는 사랑하는 사람의 웃음을, 또 다른 누군가는 마침내 이루어질 꿈을 꾸며 하루하루를 견딥니다.

희망이란 그저 기다림일 수도 있습니다. 끝없이 이어지는 길을 걸으며, 그 끝이 보이지 않아 두려움을 느낍니다. 그러나 그 기다림 속에서 우리는 배우고, 성장합니다. 희망은 그 기다림을 견딜 수 있는 인내를 주고, 그 길의 끝에 무엇이 있을지에 대한 기대감을 품게 합니다. 그렇게 살아가고 있습니다.

끝없는 여정입니다. 우리가 나아가는 길이 언제 끝날지 모른다 해도, 그 길에 희망이 존재하는 한 계속 걸어가야 합니다. 끝내 포기할 수 없는, 살아가는 이유입니다.

Jan 2nd

 노랑 수선화 Narcissus jonquilla - 사랑에 답하다

사랑은 세상을 움직이는 힘이다. 마하트마 간디

◇◇◇◇◇◇

사랑은 언제나 먼저 다가옵니다. 의도하지 않아도, 어느새 우리에게 스며들고, 어느 순간 우리를 감싸고 있습니다. 그 사랑은 부모님의 품에서, 친구의 손길에서, 연인의 미소에서 그리고 그리운 사람의 기억 속에서 찾아옵니다. 끊임없이 우리에게 속삭이며, 세상에 대한 따뜻한 시선과 더 나은 사람이 되기 위한 길을 제시합니다.

사랑을 받은 만큼, 우리는 그 사랑에 어떻게 답할지를 고민해야 합니다. 사랑에 답하는 방법은 여러 가지가 있지만, 가장 중요한 것은 진심을 다하는 것입니다. 사랑을 받았을 때, 그 사랑에 대한 감사와 이해를 담아 그것을 내면에서 우러나게 해야 합니다. 사랑을 주는 사람은 대가를 바라지 않습니다. 그렇다면 그 사랑에 대한 깊은 존경과 감사의 마음을 가져야겠지요.

영원히 반복되는 질문이지만, 사랑에 대한 답은 언제나 단 하나입니다. 받은 사랑에 감사하며, 세상과 사람들에게 사랑을 실천하는 것입니다.

Jan 3rd

 샤프란 Spring Crocus - 후회 없는 청춘

청춘은 시간이 아니라, 어떻게 살아가고 있는가이다. 존 로크

◇◇◇◇◇◇

청춘은 한 번만 지나는 시간입니다. 그 시간은 언제나 빠르게 흐르고 되돌릴 수 없습니다. 사실 후회 없는 청춘이 있을까요. 그렇다면 어떻게 해야 후회 없는 청춘을 보낼 수 있을까요. 그것은 자신의 선택에 책임을 지고, 그 선택을 통해 얻은 경험을 소중히 여기는 것입니다.
우리가 나아가는 길이 언제나 순탄하지는 않습니다. 하지만 그 길에서 만나는 고난과 실패는 우리를 성장시키는 중요한 과정임을 알아야 합니다. 또한 나의 부족한 점, 나의 불완전함을 인정하고 개선하려는 노력도 필요하겠지요. 남들과 비교하기보다는 내가 무엇을 원하는지, 어떤 삶을 살고 싶은지를 고민하고 그 길을 향해 한 걸음씩 나아가는 것. 자신이 진정으로 원하는 삶을 살아가는 것만큼 큰 만족은 없습니다.
완벽하지는 않지만, 사랑하는 사람들과 함께 끊임없이 도전하고 배우는 삶에서 행복은 찾아집니다. 어느 순간 돌아보았을 때, 그 시간이 후회 없이 지나갔다고 느낄 수 있다면 그것이 바로 우리가 원하는 청춘의 모습이지 않을까요. 청춘을 어떻게 보낼지는 결국 각자의 손에 달려 있습니다.

Jan 4th

 히아신스 Hyacinth - 차분한 사랑

다른 사람으로부터 사랑을 받지 못하는 사람은 다른 사람을 사랑하지 않는다. 라파데르

차분한 사랑은 시간과 함께 자연스럽게 자라나며, 묵묵히 서로를 보듬는 마음입니다. 순간의 열정에 휘둘리기보다는, 서로의 존재를 천천히 알아가며 관계를 쌓아가는 것입니다. 급하게 사랑을 증명하려 하지 않고, 서로의 마음을 서서히 열어가며 이해하려는 노력이 중요합니다. 그 사랑은 시간이 지날수록 깊어지고 단단해집니다. 두 사람이 함께하는 일상에서 느껴지는 편안함과 자연스러움이 차분한 사랑의 본질이지요.

이 사랑은 감정의 기복에 흔들리지 않습니다. 갈등이나 시련이 찾아올 때도, 감정을 급히 표출하기보다는 차분하게 대화하고 서로의 입장을 존중하는 태도를 보입니다. 서로의 다름을 인정하며, 부족함을 채워주는 과정에서 더욱 성숙해집니다. 말하지 않아도 서로를 이해하고, 눈빛 하나로 모든 감정을 나눌 수 있는 그런 관계. 세상에서 가장 고요하고 깊은 사랑이며, 그 속에서 진정한 평화와 안정감을 느낄 수 있습니다.

Jan 5th

 노루귀 Hepatica (Blue) - 인내

모든 전사 중 가장 강한 전사는 시간과 인내다. 레프 톨스토이

◇◇◇◇◇◇

원하는 목표를 향해 나아갈 때, 결코 그 길은 쉽지 않습니다. 여러 가지 장애물이 나타나고, 때로는 결과가 눈앞에 보이지 않기도 합니다. 그럴 때 포기하고 싶어집니다. 그러나 인내는 그 모든 순간에 우리를 버티게 해주는 힘입니다. 고통 속에서 한 걸음씩 내딛는 것은 어려운 일이지만, 그 과정에서 얻는 성취감과 성장의 가치는 그 어떤 것보다 소중합니다.

어떤 상황에서도 쉽게 포기하지 않고 우리를 계속 버티게 만드는 것은 무엇일까요. 그것은 내면의 힘과 의지가 발휘되는 순간입니다. 인내를 통해 자신의 한계를 시험하고, 성장하는 법을 배웁니다. 우리가 인내할 수 있는 이유는, 그 끝에 더 나은 사람이 되어 있을 자신을 믿기 때문인지도 모릅니다.

세상의 모든 일은 시간이 걸리고, 그 시간을 견디는 과정에서 조금씩 더 강해집니다. 인내는 우리가 무엇을 원하든, 그 목표를 향해 나아가는 데 있어 가장 중요한 열쇠입니다. 언젠가 목표를 이루었을 때, 그 과정에서의 고난과 기다림이 얼마나 소중한 경험이었는지를 깨닫게 될 것입니다. 인내는 삶의 여정에서 가장 큰 동반자입니다.

Jan 6th

 흰제비꽃 Viola - 순진무구한 사랑

사랑은 우리가 독립적으로 기대하는 것이 아니라, 서로를 독립적으로 세우는 것입니다.
미하이 칙센트미하이

◇◇◇◇◇◇

어린 시절, 부모님이나 친구 혹은 첫사랑을 느낄 때 우리는 그 사랑을 가장 순수하게 경험합니다. 무엇을 바라지 않으며, 상대방의 존재만으로 행복을 느끼는 특별한 감정입니다. 이 사랑은 때로 순수하고, 때로는 서툴기도 합니다.

어린아이가 부모님을 향해 보이는 사랑이나, 첫사랑의 설렘 속에서 느껴지는 감정은 아직 세상의 어려움을 모르는 상태에서 피어납니다. 그 사랑은 불완전하지만, 순수하고 아름답습니다.

시간이 지나고 세상에 대한 경험과 상처가 쌓이면, 그 사랑도 성숙해지거나 복잡한 감정을 동반하기도 할 것입니다. 그럼에도 그 사랑은 어떤 계산 없이, 그저 존재하는 것으로 세상에 아름다움을 선사합니다. 우리를 순수한 마음으로 돌아가게 하고, 삶의 진정한 의미를 찾게 해주는 원동력이 되니까요.

Jan 7th

 튤립 Tulipa (White) - 실연

인간의 감정은 누군가를 만날 때와 헤어질 때 가장 순수하며 가장 빛난다. 장 폴 리히터

◇◇◇◇◇◇

사랑은 어느 순간, 나와 다른 사람을 하나로 이어주는 특별한 힘이 됩니다. 그 사람의 존재가 나의 일상에 깊숙이 뿌리내리면, 그 사람은 나에게 단순한 관계 이상의 의미를 지닙니다. 그런 사랑을 잃는다는 것은, 온 세상을 잃어버린 것처럼 느껴질 것입니다. 그 사람과 나누었던 시간, 그가 내 삶에 던졌던 웃음과 기쁨이 내 삶의 중요한 부분이었기 때문입니다.

실연을 겪고 나면, 마음 깊은 곳에서 스스로에게 묻습니다. 왜 이런 일이 일어났을까. 내가 부족했던 걸까. 그 사람이 나를 사랑하지 않았던 걸까. 이런 질문들은 아픔을 더 키우는 것 같지만, 그 질문을 통해 나 자신을 돌아보게 됩니다.

실연은 상실의 아픔이지만, 동시에 우리가 얼마나 사랑할 수 있는지에 대한 중요한 질문을 던져주는 경험입니다. 그 아픔 속에서 더 깊은 사랑을 이해하고, 더 나은 관계를 만들 수 있는 길을 배웁니다. 사랑이란 단지 두 사람의 관계를 넘어 자신과의 관계에서도 깊은 의미를 가지며, 그것을 통해 우리는 더 나은 삶을 살아갈 수 있다는 것을 알게 되니까요.

Jan 8th

 보랏빛 제비꽃 Viola - 사랑

인생에 있어서 최고의 행복은 우리가 사랑받고 있음을 확신하는 것이다. 빅터 위고

◇◇◇◇◇◇

사랑, 그 이름의 울림.
사랑이란 무엇일까요. 우리가 매일 반복하는 그 말, 그 감정, 그 흔적은 언제부터인가 우리를 붙잡고 놓아주지 않습니다. 사랑은 눈에 보이지 않지만, 그 존재는 언제나 확실합니다. 때로는 사랑의 감정이 파도처럼 마음을 흔듭니다. 기쁨이 깊어지면 그만큼 슬픔도 짙어지니까요.
사랑은 서로가 서로에게 '너는 나의 세계'라고 말하는 순간에 완성됩니다. 그 말에는 어떤 고백보다 깊은 진심이 담겨 있습니다. 사랑은 말로 다할 수 없는 것입니다. 오직 마음으로, 눈빛으로 그리고 함께 나누는 시간 속에서만 그 진정성이 드러납니다.
사랑은 끝없는 이야기입니다. 어느 한순간에 끝난다고 해도, 그 사랑은 영원히 남아 있습니다. 사랑은 우리가 살아가는 이유이고, 우리가 세상에 존재하는 이유입니다.

Jan 9th

 노랑 제비꽃 Viola pubescens - 수줍은 사랑

한 방향으로 깊이 사랑하면 다른 모든 방향으로의 사랑도 깊어진다. 안네-소피 스웨친

◇◇◇◇◇◇

나무는 한 번 자리를 정하면 절대로 움직이지 않아

차라리 말라 죽을지라도 말이야.

나도 그런 나무가 되고 싶어

이 사랑이 돌이킬 수 없는 것일지라도…….

-『국화꽃 향기』 김하인, 팩토리나인 2022

수줍은 사랑의 가장 큰 매력은 그것이 단순히 상대방을 향한 감정만이 아니라, 그 사랑을 품고 있는 사람 자신에 대한 깊은 이해와 존중에서 시작된다는 점입니다. 상대방을 향한 감정을 표현할 때, 그 사랑이 너무 크고 소중해서 함부로 말하거나 행동하기 두려운 마음이 드는 것입니다.

Jan 10th

 회양목 Box Tree - 참고 견디냄

삶은 지루한 것이 아니라, 우리가 그것을 지루하게 만드는 것이다. 헨리 데이

◇◇◇◇◇◇

엄마, 나 뭐 하고 놀지? 심심해.
편의점 앞에서 엄마의 손을 잡고 있던 아이가 하는 말입니다.
따분하고 재미없을 때 어김없이 등장하는 '지루해'. 낙서처럼 종이에 펜으로 아무렇게나 끄적인 듯 한 '지루해'는 어떤 행동을 할 때 쉽게 커집니다. 못마땅한 듯 팔짱을 낀다거나, 손으로 턱을 괴거나 떨떠름한 표정을 짓는 행동들 말입니다. 한숨 섞인 소리와 몸이 비비 꼬이는 행동이 나오면 '지루해'는 더욱 커집니다. 집, 학교, 회사, 여행가는 길 등 장소나 시간 구애도 받지 않습니다.
'지루해'가 점처럼 작아지는 방법은 있습니다. 가장 효과가 좋은 건 노는 겁니다. 누구랑 놀까, 뭘 하면 좋을까 상상하다 보면 창의적인 것들이 떠오릅니다. 그러면 웃음소리가 커지고 대화가 늘고, 사람들이 활기를 띠면 '지루해'는 슬며시 사라집니다.
어쩌면 우리가 하는 모든 행위는 지루함을 벗어나기 위한 몸부림일지 모릅니다. 지루하기 때문에 새로운 무언가를 생각하고 찾게 되니까요. 상상력이 창의력의 시작이라면, 그 상상력을 낳는 건 지루함이 아닐까요. 지루할수록 머리가 더 반짝일 수 있다니, 지루함의 반전 매력입니다.

Jan 11th

 측백나무 Arbor-Vitae - 견고한 우정

성공은 친구를 만들고, 역경은 친구를 시험한다. 퍼블릴리어스 사이러스

◇◇◇◇◇◇

신호등 없는 2차선 지방도로를 지나는 중이었습니다. 멀리서 다섯 마리의 개들이 길을 건너기 시작합니다. 속도를 줄이고 정차하자 뒤에서 따라오던 차들도 모두 멈춥니다. 먼저 까만색과 갈색의 두 마리 성견이 길을 건넙니다. 하지만 세 마리의 개들은 도롯가에서 머뭇거립니다. 눈길을 끈 것은 도로를 건넌 두 마리의 개였습니다. 자리를 떠나지 않고 길 건너편을 바라보며, 친구들에게 용기를 내라는 듯 짖었습니다. 아직 건너오지 못한 친구들을 기다리는 것처럼 보였습니다. 잠시 후, 망설이던 세 마리의 개들이 길을 건넙니다. 다섯 마리의 개들은 함께 천천히 들판의 어느 곳을 향해 걸어갑니다.

극복하기 힘든 상처와 불안과 괴로움으로 더는 버틸 수 없을 때, 친구의 말 한마디로 어려움을 넘어 희망을 포기하지 않고 살아갈 수 있습니다. 건강한 우정은 자신의 한계를 극복하게 하는 자유의 정신을 불어넣기 때문입니다. 우정의 힘은 인간 정신을 자유롭게 합니다. 하지만 좋은 친구가 나타나기를 기다리는 것보다 스스로 누군가의 친구가 되었을 때 훨씬 더 행복하다는 사실도 기억하세요.

Jan 12th

 ## 스위트 알리섬 Alyssum Sweet - 뛰어난 아름다움

아름다움은 얼굴에 있는 것이 아니라 마음속에 있는 빛입니다. 칼릴 지브란

◇◇◇◇◇◇

-아가씨인가요?
-왜요?

사우나에서 일어난 에피소드입니다. 그녀의 항의성 있는 태도에 당황한 나는 어쩔 줄 몰랐습니다. 사실 그녀를 칭찬해 주고 싶었습니다. 너무나 아름답다고. 그녀가 목욕탕에 들어서자, 여인들의 시선이 모두 그녀에게로 향했습니다. 인형처럼 완벽한 몸매와 얼굴, 하얀 피부까지 쳐다보지 않을 수가 없었습니다. 천사가 대중목욕탕에 왔으니까요.

미인의 정의를 보면, '아름다운 사람, 주로 얼굴과 몸매 따위가 아름다운 여자를 이른다.'(네이버 사전)고 적혀 있습니다. 뇌 과학으로 정의한 미인의 뜻은 '보는 이의 뇌에 쾌감을 불러일으키는 사람'입니다. 즉, 미인은 만나면 기분 좋은 사람입니다.

어쩌면 무례하고 실례가 될 질문이었는지도 모르겠습니다. 그래도 조금 여유 있는 마음으로 받아 주었으면 어땠을까요. 눈부신 젊음이 너무나 부러운 중년 아주머니의 시선을 조금 안쓰러워했다면 말입니다.

Jan 13th

 수선화 Narcissus - 신비

우리가 겪을 수 있는 가장 아름다운 체험은 신비다. 알버트 아인슈타인

◇◇◇◇◇◇

꼭 해보고 싶은 버킷리스트 중 하나가 이글루 호텔 '칵슬로우타넨'에서 오로라를 보는 일입니다. 오래전에 북유럽 여행을 하면서 핀란드에 잠시 들렀지만 오로라는 보지 못했습니다. 오로라를 보기 위해서는 핀란드의 수도 헬싱키에서 북쪽 로바니에미로 긴 시간을 이동해야 하는데 귀국하는 날까지 여유가 없었거든요. 아쉬운 마음이 가득했지만, 다음을 기약하며 핀란드를 떠나야 했습니다.

오로라는 신비의 현상입니다. 북극권에서 일어나는 태양 폭발인 코로나 발광과 지구 자기장의 상호작용으로 일어나는 현상으로 이를 통해 오로라가 만들어진다고 합니다. 추운 것을 그렇게도 싫어하면서도 추운 나라에 가야만 볼 수 있는 오로라를 꿈꾸고 있습니다. 언젠가는 지구에서 가장 아름다운 빛을 눈과 마음에 담고 싶습니다. 그 신비의 현상을요.

Jan 14th

 ## 시클라멘 Cyclamen - 내성적 성격

모든 사람의 운명은 자기 성격에 의해 만들어진다. 네포스

◇◇◇◇◇◇

인프제(INFJ) : 내향(I), 직관(N), 감정(F), 판단(J)

INFJ 유형은 온화하고 조용하며 생각이 깊습니다. 그래서 남들이 잘 보지 못하는 내적인 부분을 알아채는 통찰을 지니고 있습니다. 인간관계를 조화롭게 유지하려 하고 공동의 이익을 가져오는 일을 중요하게 생각합니다. 조용하지만 열성적으로 신념을 구현해 나가는 모습 때문에, 주위 사람으로부터 신뢰와 존중을 받습니다. 이들은 완전히 신뢰하는 사람이 아니면 좀처럼 자기 내면을 보이지 않지만, 오랫동안 사귄 사람에게는 놀라울 정도로 개방합니다.

이들은 상대의 말을 세심하게 듣고 정확하게 감정을 읽어냅니다. 사람의 마음에 대한 통찰을 바탕으로 욕구와 동기를 찾아내고, 공감과 격려를 통해 이를 성취할 수 있도록 돕습니다. INFJ 유형은 사람의 가치를 중요하게 여기는 분야에 주로 흥미를 느낍니다. 종교, 심리상담 및 심리치료, 예술, 문학 등입니다. 한편, 반복적이거나 일상적인 일에는 흥미를 갖지 못하는 편입니다. 하나에만 몰두하는 경향이 있어서, 때로는 주변의 사소한 일은 소홀히 하기도 합니다. 하지만 목표를 정하면 쉬지 않고 집중하는 모습을 보이는데, 이러한 외골수적인 행동이 좋은 결과를 만들어 내기도 합니다.

Jan 15th

 가시나무 Thorn - 엄격

때로는 엄격함이 진정한 사랑입니다. _{쇠렌 키르케고르}

◇◇◇◇◇◇

-선배는 자신에게 좀 더 관대해져 봐요. 남들에게는 그렇게 너그러우면서 왜 그렇게 본인에게는 엄격해요.

한 후배가 나를 위로해 주면서 한 말입니다. 지금까지도 그때 후배가 했던 그 말을 내가 들었던 최고의 칭찬으로 생각하고 있습니다. 나에겐 엄격하고 다른 사람에게 관대하다는 것만큼 듣기 좋은 말이 있을까요. 나는 항상 스스로 엄격하고 다른 사람에게 관대하기를 꿈꿨습니다. 그러면서도 실제로 그럴 것이라고는 상상도 하지 못했습니다. 실은 후배의 조언보다 그 말 한마디 자체가 나에겐 가장 큰 위로가 되었습니다.

恩宜自淡而濃이니 先濃後淡者는 人忘其惠하고 威宜自嚴而寬이니 先寬後嚴者는 人怨其酷이라.

은혜(를 베푸는 이치)는 마땅히 (먼저) 박하다가 (나중에) 후해져야지, 먼저 후하다 나중에 박해지면, 사람들은 그 은혜를 망각하는 법이고, 권위(를 세우는 이치)는 마땅히 (먼저) 엄격하다 (나중에) 관대해져야지, 먼저 관대하다 나중에 엄격해지면, 사람들은 그 혹독함을 원망하는 법이다.

Jan 16th

 노란 히아신스 Hyacinthus orientalis - 승부

진정한 승부사는 적으로부터의 배움을 마다하지 않는 법이다. 박시백

◇◇◇◇◇◇

승부는 때로 사람의 운명, 무수히 얽힌 감정의 선을 긋기도 합니다. 나는 언제나 승부의 순간을 두려워했습니다. 그 순간의 내면을 들여다보는 것이 두려웠는지도 모릅니다. 승리의 기쁨보다 패배의 씁쓸함보다 더 큰 것이, 그 안에서 내가 얼마나 치열하게 싸우고 있었는지 알게 되는 것이니까요. 내 안의 어두운 면과 마주치고, 그것이 나를 얼마나 지배하고 있는지를요.

승리라는 것을 위해 싸우는 그 과정에서 사람은, 자아를 정의하고 무엇을 위해 싸우고 있는지에 대한 물음을 던집니다. 승리 후의 고요한 순간, 패배 후의 아픈 회복 속에서 배우는 것은 결과보다 그 싸움의 과정에 더 깊은 의미가 있다는 사실입니다.

우리는 언제나 승부의 길 위에 서 있습니다. 그것은 삶 그 자체를 향한 도전입니다. 승리하든 패배하든, 중요한 것은 그 길을 어떻게 걸어가느냐는 것입니다. 승부의 진정한 의미는 결과가 아닌, 그 과정에서 성장하고 변해가는 우리 자신에게 있습니다.

Jan 17th

 수영 Rumex acetosa - 친근한 정

정이란, 그 사람을 이해하고자 하는 마음에서 비롯된다. 김수환 추기경

◇◇◇◇◇◇

친근한 정은 사람과 사람 사이를 잇는 미세한 실처럼 존재합니다. 그것은 꼭 큰 감동을 주는 일이 아니더라도 서로를 이해하며 힘이 되어주고, 때론 웃음으로 불안을 덜어주는 순간들에서 빛납니다. 지하철에서 자리를 양보받았을 때, 한 번도 나누지 않았던 대화 속에서 나도 모르게 고마움을 느끼게 되는 작은 선의.

어쩌면 우리가 느끼는 가장 깊은 정은 바로 그 일상의 무심함 속에 숨어 있는지도 모릅니다. 밥 먹었어? 라는 한마디, 잘 지냈어? 라는 간단한 물음 속에서 우리는 서로를 생각하고, 때로는 그리운 마음을 품고 살아갑니다. 서로의 존재를 알아차리며 그 존재만으로도 따뜻한 위로가 되는 것, 그것이 바로 우리가 맺는 친근한 정 아닐까요. 세상은 때때로 거칠고 냉정할지 모르지만, 친근한 정은 그런 세상의 틈새에서 우리를 지탱해 줍니다.

Jan 18th

 어저귀 Abutilon - 억측

우리가 다른 사람에 대해 이야기할 때, 대부분은 우리 자신이 어떠한지 드러내게 된다.
카만드 코주리

◇◇◇◇◇◇

…그러나 그렇게 생각하는 것도 지나친 억측일지 모르겠다.

국어사전에서 한자 말 '억측'을 찾아보고 말 풀이를 다시 한번 곰곰이 헤아려 봅니다. 까닭이 있다고 생각하지 않고, 까닭이 없이 미리 앞서 가며 하는 생각이라고 하니까, 어느 한 편으로는 지나친 생각이라고 풀이하는 듯싶습니다. 그래서 지나친 생각이라고 적어 봅니다.

알고 보면 그러하지 않은데, 마치 그러하기라도 하듯 생각하는 일은 한 마디로 억지나 어거지입니다. 억지나 어거지는 맞은편이나 다른 이를 헤아리지 않고 내 마음대로 밀어붙이거나 몰아세우는 일입니다. 그러니까, 다 함께 느긋하게 받아들일 만한 이야기가 아닌 지나치게 밀어붙이거나 몰아세우는 것을 의미합니다.

국어사전에서 '억지'를 찾아봅니다. '잘 안될 일을 무리하게 기어이 해내려는 고집'이라고 풀이합니다. '무리$_{無理}$' 뜻풀이도 찾아봅니다. 한자 말 '무리하다'는 '도리나 이치에 맞지 않거나 정도에서 지나치게 벗어나다'를 가리킨다고 합니다. 그러니까 한자 말로 '억측'이 되었든 토박이말로 '억지-어거지'가 되었든 모두 지나치게 무언가를 하려는 뜻입니다.

Jan 19th

 소나무 Pine - 불로장생

삶의 매 순간을 감사하며 살아라. 그것은 영원한 삶이다. 공자

◇◇◇◇◇◇

不(아닐 부), 老(늙을 로), 長(길 장), 生(날 생).

불로장생은 노화를 더디게 하거나 아예 늙지 않음으로써 오래 사는 것 또는 죽지 않는 것을 의미하는 성어成語입니다. 불멸은 죽음에서 면제되는 상태, 자연사를 경험하지 않고 무기한 살 수 있는 능력입니다. 그것은 살아 있는 존재의 일반적인 수명을 넘어서는 영생 또는 존재의 개념입니다. 아주 오래전부터 현대에 이르기까지 사람들은 이를 실현하기 위해 여러 가지 방법을 찾아보았으나 인간에게서 성공한 사례는 존재하지 않습니다.

이 세상 살아가는 일, 100년도 길지 않을까요.

Jan 20th

 미나리아재비 Butter Cup - 천진난만

어린아이의 천진난만한 웃음은 신적 행위이자 신의 축복이다. 프리드리히 니체

◇◇◇◇◇◇

노란색 장화에 피카츄가 그려진 노란색 우산을 든 아이가 엄마의 손을 잡고 물텀벙 놀이를 하고 있습니다. 작은 물웅덩이를 흔들어 깨우는 일이 얼마나 흥미진진한 놀이인지 모르실 거예요 하는 표정입니다. 포근한 겨울이라고 해도, 비 내리는 1월의 기온은 제법 차갑습니다. 아이는 마스크와 장갑으로 단단히 무장을 했습니다. 산책로를 따라 걷던 똘망한 검은 눈과 마주쳤습니다. 발그레한 볼과 해맑은 눈웃음이 마치 동화책에서 나온 아이 같습니다.
그만하고 들어가자는 엄마의 말은 귓등으로 듣습니다. 모른 척 아니 못 들은 척합니다.
-재미있다. 재미있지, 엄마? 재미있다, 그치!. 엄마도 신나지?
젊은 엄마는 대답 대신 고개만 끄덕입니다.
맑고 순수한 영혼, 별처럼 반짝이는 아이. 나도 어느 때는 반짝이는 별이었는데. 까마득한 그 어느 날에 말입니다.

Jan 21st

 담쟁이덩굴 Ivy - 우정

진정한 친구는 서로의 차이를 받아들이는 사람이다. 랄프 왈도 에머슨

◇◇◇◇◇◇

서로의 존재를 있는 그대로 받아들이는 것, 그것이 우정의 진정한 모습입니다. 친구는 나의 결점과 약점을 보고도 나를 떠나지 않으며, 나의 밝은 모습과 강한 면만을 바라보지 않습니다. 우리는 서로의 단점을 알지만 그럼에도 서로를 아끼고 사랑합니다. 그 아낌이 우정의 깊이를 더하고 서로의 존재가 무엇보다 중요한 이유가 됩니다. 우정은 서로가 서로에게 거울이 되어주는 것입니다. 친구의 눈 속에 비친 나를 통해 진정한 나를 찾게 되니까요.

말없이 함께 걷는 길이 가장 아름답고, 아무것도 하지 않음에도 서로를 깊이 이해하는 순간들이 소중합니다. 그것이 바로 우정의 힘입니다. 한 사람과의 깊은 연결은 그 어떤 언어로도 다 설명할 수 없을 정도로 크고 깊습니다. 때로는 길이 다르고 서로의 삶이 달라지기도 할 것입니다. 하지만 그 속에서도 우리는 여전히 친구로서 서로를 기억하고, 그 관계를 소중히 여깁니다. 우정은 그렇게 시간이 지나도 변하지 않는 것입니다.

Jan 22nd

 이끼 Moss - 모성애

모성은 가장 위대한 일이자 가장 어려운 일이다. 리키 레이크

◇◇◇◇◇◇

둘째 아이가 초등학교 4학년 때의 일입니다. 등교하던 아이가 현관 앞에서 한참을 머뭇거립니다. 가까이 가보니 운동화 끈을 제대로 묶지 못해 끙끙대고 있습니다.
-아직도 혼자 신발 끈을 못 매면 어떻게 하니?
내 말에 아이의 얼굴이 잠시 굳어집니다. 말없이 집을 나서는 아이를 보내고, 잠시 생각에 잠겼습니다. 사실 아이가 운동화 끈을 혼자 매려 애쓰는 순간마다, 매번 대신 묶어 주었습니다. 바쁘게 출근해야 하는 엄마를 둔 탓이지요. 그제야 깨달았습니다. 나 때문에 아이가 스스로 해낼 기회를 놓쳤다는 것을, 조금 느려도 기다려주지 않았다는 것을요. 다음날 운동화 끈 매는 방법을 천천히 다시 알려 주었습니다. 그리고 혼자 해낼 수 있도록 기다렸습니다. 성장의 속도는 각기 다르고, 그 속도에 맞춰 기다려주는 것이 사랑인 것을 늦게 안 것이지요.
서른 살의 청년이 된 둘째 아이.
지금은 군화 끈도 빠르게 잘 묶습니다.

Jan 23rd

 부들 Typha - 순종

운명을 받아들이는 것은 인생의 공격과 죽음에 가장 큰 용기입니다. 프리드리히 니체

◇◇◇◇◇◇

운명이란 언제나 거대한 흐름처럼, 우리에게 예고 없이 다가옵니다. 아무리 반항하고 저항해도 결국에는 그 방향을 따라가게 됩니다. 그러나 운명에 순종하는 것이 단순히 수동적이고 무기력하게 따라가기만 하는 것일까요. 아닙니다. 진정으로 운명에 순종하는 것은, 그 안에서 자신을 발견하고 그 길 위에서 온전히 살아가는 것입니다.

때로는 길이 막히고, 어두운 터널 속에서 길을 잃은 듯한 기분이 들기도 할 것입니다. 그 길도 결국은 내가 걸어온 길입니다. 운명에 순종한다는 것은, 내가 누구인지를 끊임없이 묻고 내면의 깊은 소리에 귀 기울이는 것입니다.

Jan 24th

 가을 샤프란 Saffron-Crocus - 절도의 미

절도의 미, 그 자체를 포함한 모든 것에 있어서의 절제. - 벤자민 프랭클린

◇◇◇◇◇◇

욕심을 억제하고 때로는 부족한 부분을 보완하면서, 그 한도를 지키는 것이 절도節度의 의미입니다. 과도하게 일을 밀어붙이거나, 반대로 지나치게 소극적으로 행동하는 것은 절도의 미를 잃은 것입니다. 절도는 사람의 태도와도 밀접하게 연관되어 있습니다. 자신이 하는 일에서 적당함을 알고 그 적당함 속에서 성취감을 찾는 사람, 그 사람이 바로 절도를 아는 사람입니다.

절도는 인간관계에서 중요한 역할을 합니다. 친구에게 너무 많은 기대를 하지 않으며, 타인의 마음을 너무 억압하거나 지나치게 맞추려 하지 않습니다. 상대방의 감정과 상황을 헤아리며 적절한 거리와 배려를 유지하는 것, 그것이 절도의 정신입니다. 때로는 조용한 침묵 속에, 때로는 따뜻한 말 한마디 속에 그 절도의 균형이 드러납니다. 절도의 미는 그 정도를 아는 데서 나옵니다.

Jan 25th

 점나도나물 Cerastium tomentosum - 순진

순진함은 경험이 쌓이면 지혜로 바뀐다. 알베르트 아인슈타인

◇◇◇◇◇◇

태어나서 자라고 나이가 들수록 욕심의 보따리는 커지게 마련입니다. 욕심이 더해질수록 순진한 모습은 감춰집니다. 욕심이라는 가면이 덧대지면서, 날카롭다거나 영악스럽다고 하는 다른 모습으로 타인에게 표출되는 것입니다.

거짓이나 꾸밈없이 매우 순수하고 참되다는 의미의 천진난만, 자연 그대로 참되고 꾸밈이 없으며 선명하고 아름다운 것이 순진함이라고 여겨집니다. '그의 천진난만한 미소 때문에 나는 차마 화를 낼 수가 없었다.' 어느 시인의 고백입니다.

천진난만한 순진성은 왜 우리를 편하게 하는 걸까요. 가면 뒤에 행여나 숨어 있을지도 모를 불편한 진실을 걱정하지 않아도 되기에 느끼는 편안함과 안정감 때문입니다. 보이는 그대로의 선명함과 아름다움을 즐기면 되니까요.

Jan 26th

 미모사 Mimosa - 예민한 마음

인간은 진정 혼자 있음을 통해서 자기 자신을 알게 된다. 쇼펜 하우어

◇◇◇◇◇◇

칡뿌리며 번데기 등을 늘어놓고 팔던 노점의 맨 끝자리에 할머니가 앉아 있습니다. 할머니 앞에는 손바닥만 한 화분 서너 개가 놓여있고, 하굣길 아이들이 우르르 나올 때를 맞춰 보란 듯이 화분을 왼손에 들고 식물을 쓱 만집니다. 그러면 화분 속 식물은 오소소 몸을 움츠렸다가 기지개를 켜듯 활짝 피어납니다. 신기한 모습에 아이들은 감탄사를 연발하며 할머니 주위로 몰려듭니다. 할머니는 아이들에게 화분 속 식물을 만져 보게 했습니다. 손끝이 살짝만 스쳐도 소스라치며 움츠리는 식물이 참으로 신기했습니다.

아이들은 식물을 구매할 능력이 없어 곧 그곳을 벗어납니다. 아이들이 떠난 자리에 홀로 남은 내게 그 식물을 만져 볼 기회가 주어졌습니다. 식물을 살짝 만진 순간, 기다렸다는 듯이 미모사 잎이 오므라지며 어깨를 축 늘어뜨렸습니다. 할 수만 있다면 집으로 그 식물을 데려와 키우고 싶었습니다. 하지만 못내 아쉬운 마음으로 돌아섰습니다. 그 식물이 바로 미모사입니다.

내가 잠 못 드는 것도, 살아 있음을 증명하는 것은 아닐지 생각합니다.

Jan 27th

 마가목 Sorbus - 게으름을 모르는 마음, 신중함

신중하게 행동하라, 조용하게 행동하라. 결과는 당신의 기대를 뛰어넘을 것이다. 존 우든

◇◇◇◇◇◇

마가목은 봄에 새로 돋아나는 새싹이 마치 말의 이빨과 비슷하다 하여 붙여진 이름입니다. 마馬, 어금니 아牙를 써서 마아목馬牙木이라 불리다가 마가목이 되었답니다.

오늘 태어난 당신에게.
자신감에 차 있는 당신은 어쩌면 매우 세심한 사람입니다. 매사에 주의를 기울이며 신중하므로 반드시 큰 뜻을 이룰 사람입니다. 하지만 누구에게나 용의주도한 사람으로 보일 수 있다는 건 오히려 장점보다 단점이 될 수도 있습니다. 부족한 면을 감추지 않고 드러내는 것이 더 많은 사람들에게 호감을 사게 될지도 모릅니다.

Jan 28th

 검은 포플러 Black Poplar - 용기

용기란 그 무엇보다도 자기 자신을 믿는 것이다. 아리스토텔레스

◇◇◇◇◇◇

인생을 살면서 우리는 끊임없이 선택해야 합니다. 그 선택의 순간마다 두 가지 길이 있습니다. 한 가지는 안전하고 편안한 길이고, 다른 하나는 불확실하고 도전적인 길입니다. 대부분의 사람들은 후자를 두려워합니다. 회피하고 싶어 합니다. 왜냐하면 실패할 수 있는 위험이 크기 때문입니다. 그러나 용기 있는 사람은 두려움을 인정하면서도 도전의 길을 선택합니다. 그들이 두려움 속에서 나아갈 수 있는 이유는 그 모든 경험이 자신을 성장시키고, 더 나은 삶을 만들어갈 수 있다는 믿음이 있기 때문입니다.

나의 의견을 표현하거나, 누군가와의 관계에서 진심을 전하는 일은 큰 용기가 필요합니다. 특히 감정적으로 어려운 순간에 진심을 전하거나, 내가 두려워하는 것과 마주하는 일은 쉬운 일이 아닙니다. 하지만 우리가 내딛는 한 걸음이 용기입니다. 용기는 불확실한 미래 속에서 자신을 믿고, 다시 일어설 수 있도록 하는 힘입니다.

Jan 29th

 이끼 Moss - 모성애

모든 사랑은 거기에서 시작되고 끝난다. 로버트 브라우닝

◇◇◇◇◇◇

첫 아이가 태어나고, 육아를 하면서 우울증이 왔습니다. 내가 아이를 낳았다는 사실이 믿기지 않았고, 아이가 울거나 보채도 그저 멍하니 바라만 보고 있을 때도 있었습니다.

알지, 우리 자신에게는 스스로 바꿀 수 없는 점이 많이 있어. 그냥 그렇게 태어난거야. 하지만 가끔 어떤 부분은 본 것에 따라 형성이 되기도 해. 다른 사람에게 어떤 대접을 받았는지에 따라. 어떤 느낌을 받게 되었는지에 따라…… 나는 네가 나처럼 되는 법을 배우지 않았으면 좋겠어. 하지만 어떻게 하면 네가 다른 사람이 되도록 가르칠 수 있는지 모르겠구나.
-『푸시_내 것이 아닌 아이』애슐리 오드레인 글/박현주 역, 인플루엔셜 2021

주인공의 어머니가 어린 딸의 머리를 빗겨주면서 하는 말입니다. 증조할머니에서 할머니로 주인공에게로, 엄마가 된 여자가 자신의 아이를 돌보며 하는 고민과 고뇌 또는 염려와 괴로움의 한 부분을 설명해 주고 있습니다. 아이를 갖는 것과 낳는 것, 그 이후에 시작되는 진짜 엄마의 삶 속에서 누구나 한 번은 생각해 보는 말이 아닐까요.

Jan 30th

 매쉬 메리골드 Marsh Marigold - 반드시 오고야 말 행복

행복은 기다리는 것이 아니라 만드는 것이다. 유기 소노마

◇◇◇◇◇◇

행복은 언제나 순간 속에 숨어 있습니다. 하지만 우리는 아주 먼 곳에 있다고 믿으며, 끝없는 기다림 속에서 찾아 헤맵니다. 사실 행복은 이미 우리 곁에, 아주 가까운 곳에 있었습니다. 그것을 쉽게 지나쳐 버리고, 그 진짜 의미를 알지 못한 채 지나갔을 뿐입니다.

행복은 어떤 역경이나 고통이 있더라도, 그 모든 것들이 지나면 다가오는 무언의 약속과도 같은 것입니다. 우리가 겪는 고난은 끝없이 반복되지만, 그 끝에 반드시 찾아오는 한 줄기 빛 같은 것. 그것이 바로 행복 아닐까요. 그래서 그 빛은 기다리는 만큼 더욱 선명하고, 그리운 만큼 깊은 감동을 줍니다.

행복은 주어진 시간이 아니라, 우리가 살아내는 시간입니다. 결국엔 반드시 찾아오는 것, 그것이 바로 행복의 법칙입니다. 우리는 믿고 있습니다. 분명 오고야 말 행복이 있다는 것을요.

Jan 31st

 ## 노란 샤프란 Spring Crocus - 청춘의 환희

청춘은 슬픔 속에서도 언제나 그 자체의 빛이 있다. V. 위고

◇◇◇◇◇◇

청춘이란, 어쩌면 현실을 넘어선 꿈의 시간일지도 모릅니다. 우리가 살아가는 동안 느끼는 수많은 감정 중에서 그 순간만큼은 아무것도 두려운 것이 없고, 모든 일이 가능해 보이니까요.

청춘은 두려움 없이 모든 것을 품고 뛰어드는 것입니다. 실수하고 넘어지더라도, 그 속에서 배움과 성장을 얻습니다. 세상과 맞서며 더 단단해집니다. 그것은 고통과 갈등을 겪고 나서 얻어지는, 깊은 만족과 이해의 순간이기도 하니까요. 경험한 사람만이 알 수 있는 깨달음이 그 안에 담겨 있기 때문입니다.

청춘은 언제나 '지금 이 순간'을 가슴 깊이 새기게 만듭니다. 많은 것들이 사라지고 변하지만, 그 한때의 뜨거움은 절대 잊히지 않습니다. 지나고 나면 아무것도 아니라고 생각될지라도, 그 순간만큼은 우리 삶에서 가장 빛나는 순간이었으니까요.

사랑과 용기의 달
The Month of Love and Courage

Feb 1st

 앵초 primrose - 젊은 시절의 고뇌

고뇌는 우리의 길을 밝히는 등불이 될 수 있다. 도스토옙스키

◇◇◇◇◇◇

젊은 시절, 그때의 우리는 미래에 대한 불안과 불확실성 그리고 자신에 대한 의문 속에서 살아갑니다. 때로는 방향을 잃은 듯한 느낌과 함께 내가 무엇을 원하는지, 어떤 사람이 되고 싶은지에 대한 질문이 머릿속을 떠나지 않습니다. 선택의 순간마다 불안감이 밀려오고, 그 어떤 결정도 완벽할 수 없다는 생각에 괴로워합니다.

젊은 시절의 고뇌는 삶을 향한 질문이자, 그 해답을 찾기 위한 끊임없는 여정입니다. 고뇌 속에서도 불확실한 미래를 향해 한 걸음씩 나아가고, 그 과정에서 소중한 깨달음을 얻으니까요.

Feb 2nd

 모과 Chaenomeles - 평범

평범한 사람들의 삶이 아름다운 것은, 그들이 특별해지려고 하지 않기 때문이다.
헨리 데이비드 소로

◇◇◇◇◇◇

우리는 종종 평범함을 간과하고 더 큰 것, 더 화려한 것을 추구하며 살아갑니다. 특별한 성취나 뛰어난 업적을 강조하고, 그것을 목표로 달려가기도 합니다.

평범함 속에서 진정한 의미를 찾는 것은 쉬운 일이 아닙니다. 우리는 늘 더 나은 삶을 꿈꾸며, 더 많은 것을 이루고 싶어 합니다. 하지만 평범한 일상의 순간들을 소중히 여기는 사람이, 진정한 의미에서 풍요로운 삶을 살아가는 것은 아닐까요. 매일의 일상이 주는 안정감 속에서 자신을 돌아보는 것이야말로 삶의 진정한 아름다움을 발견하는 길인지도 모릅니다. 일상의 소소한 아름다움을 인정하고 감사할 때, 평범함은 특별함으로 변하니까요.

Feb 3rd

 황새냉이 cardamine - 그대에게 바친다

사랑은 결코 소유가 될 수 없으며, 그저 함께 걸어가는 여행일 뿐이다. 드미트리 메드베데프

◇◇◇◇◇◇

사랑을 바친다는 것은 나의 모든 것을 내어주는 것과 같습니다. 내가 가진 모든 감정과 생각을 그대에게 보내는 것은 큰 용기가 필요합니다. 그 용기 속에는 그대를 얼마나 소중히 여기고 사랑하는지가 드러납니다. 사랑은 대개 물질로 표현되지 않습니다. 마음으로, 행동으로, 함께하는 시간 속에서 묻어납니다.

그대는 나의 삶에 소중한 의미를 부여하는 존재입니다. 함께 나눈 시간들, 그대가 내게 보여준 사랑과 이해는 살아가는 이유가 됩니다. 내 모든 것이 그대에게 바쳐졌을 때, 그것은 더 이상 내가 가진 것이 아니라 우리가 함께 만든 아름다운 것이 됩니다. 내 삶의 의미를 온전히 그대와 나누는 것이며, 그대와 함께하는 모든 순간을 더욱 특별하게 만듭니다.

Feb 4th

 빨간앵초 primrose - 돌아보지 않는 아름다움

세상은 한 편의 시처럼 아름답다. 그것을 읽을 줄 아는 마음만 있으면 된다. 윌리엄 셰익스피어

◇◇◇◇◇◇

세상은 참 따뜻하고 아름다운 곳인 줄 알지만, 안전한 울타리를 벗어나는 순간부터 인생은 깊고 어두운 슬픔을 마주하게 합니다. 늘 옆에 도사리고 있는 어둠은 길고, 우리를 잠 못 들게 합니다. 그럼에도 어두운 긴 터널을 지나온 사람들은 인생이 아름답다고 말합니다.

나는 절벽 위에서 한참 동안 파란 세상을 내려다보았다. 바다는 너무 거대했지만, 우리는 너무나 작았다. 바다는 이루 말할 수 없이 아름다웠지만, 우리는 엉망진창이었다. -『긴긴밤』루리, 문학동네 2021

어쩌면 다시 만날 수 없을지라도 서로가 함께 보냈던 긴긴밤이 있었기에, 자신의 존재에 새겨진 지나온 이들의 흔적을 마음에 품고 자신의 삶을 마주하며 앞으로 나아갈 수 있지 않을까요.

Feb 5th

 양치 fern - 사랑스러움

사랑스러움은 당신이 누군가를 아끼고 존중하는 방법에서 드러난다. 로이 T. 베넷

◇◇◇◇◇◇

누군가가 나를 향해 웃어줄 때, 그 웃음 속에 담긴 순수한 마음은 사랑스러움을 만듭니다. 말없이 다가오는 따뜻함으로, 진심으로 누군가를 아끼고 그 사람을 이해하려는 마음입니다. 또한 사랑스러움은 삶을 살아가는 태도에서도 드러납니다. 어떤 일이든 긍정적이고 즐겁게 받아들이며, 주변 사람들에게 항상 친절하고 배려하는 모습입니다. 사랑스러움은 모든 것을 바꾸는 힘을 가지고 있습니다. 그것은 누군가에게는 위로가 되고, 누군가에게는 행복을 주며 세상을 더 따뜻하고 아름다운 곳으로 이끕니다.

Feb 6th

 바위솔 horsetail - 가사에 근면함

행복한 가정은 세상에서 가장 큰 보물이다. 조지 워싱턴

◇◇◇◇◇◇

가정에 근면하다는 것은 단순히 일을 열심히 하는 것을 넘어, 그 일에 담긴 의미를 인식하고 책임감을 가진다는 뜻입니다. 가족들이 편안하고 행복하게 지낼 수 있도록 집안을 정돈하고, 식사를 준비하고, 아이들을 돌보는 일은 중요한 일상입니다. 누군가의 헌신으로 가정을 더욱 따뜻하고 안정적인 공간으로 만드는 것입니다.

이러한 근면은 가족에 대한 사랑과 배려에서 시작됩니다. 가정은 한 사람만의 노력으로 이루어지는 공간이 아닙니다. 모든 구성원이 각자의 역할을 맡고, 서로를 도우며 배려할 때 비로소 가정이 원활하게 돌아가니까요. 내 일만큼 다른 가족의 일에도 관심을 가지며, 서로의 부담을 덜어주고 함께 일하는 마음을 갖는 것이 중요합니다.

일상의 반복 속에서, 행복을 만들어가는 것이 가정의 소중함을 지키는 방법입니다.

Feb 7th

 물망초 forget me not - 날 잊지 말아요

누군가를 기억하는 것은 그 사람을 사랑하는 것이다. 미상

◇◇◇◇◇◇

누구나 한 번쯤은 이런 마음을 품었을 것입니다. 우리는 사랑하는 사람과의 관계가 멀어지거나 사라질까 봐 두려워합니다. 그 사람의 삶 속에서 나의 존재가 희미해지지 않기를, 그 사람에게 소중한 사람으로 계속 기억되기를.

그 사람에게 나를 기억해 주기를 바라는 마음은, 아직 끝나지 않은 이야기가 있기 때문입니다. 다시 만날 수 있기를, 다시 함께 할 수 있기를 바라는 마음이 그 말 속에 있습니다. 어쩌면 '날 잊지 말아요'는 나 자신에게 보내는 다짐일 수도 있습니다. 삶과 존재가 얼마나 소중한지, 내가 사랑한 사람들과 나눈 모든 순간이 얼마나 중요한지를 되새기는 말인지도 모릅니다.

그 사람이 내게 소중한 것처럼, 나도 그 사람에게 소중한 사람이기를. 과거의 기억을 간직하고 싶은 바람을 넘어서, 함께했던 시간이 여전히 서로의 마음 안에 살아 있기를 바라는 마음입니다. 우리가 함께한 모든 순간이, 시간이 지나도 여전히 중요한 의미를 지니기를.

Feb 8th

 범의귀 saxifrage - 절실한 애정

애정은 말로만 표현되는 것이 아니라, 행동으로 보여지는 것이다. 미상

◇◇◇◇◇◇

절실한 애정은 상대방이 어떤 모습이든, 어떤 상황에 있든 상관없이 그 사람을 온전히 받아들이고, 그 사람을 위해 무엇이든 할 준비가 되어 있는 마음입니다. 그 애정은 오로지 상대방의 행복을 위한 마음에서 나옵니다. 나는 그 사람과 함께 있을 때 비로소 완전해지고, 그 사람의 웃음과 행복이 나의 존재 이유가 되는 것입니다.

하지만 그만큼 상처받을 위험도 큽니다. 온 마음을 열고 상대방에게 의지하게 되면, 그 관계가 무너질 때의 상처가 그 어떤 것과도 비교할 수 없을 만큼 크니까요. 그 사람이 떠나거나, 내가 그 사람에게 충분히 다가가지 못한다고 느낄 때, 절실한 애정은 큰 고통으로 변할 수도 있습니다.

Feb 9th

 은매화 myrtle - 사랑의 속삭임

사랑을 받기 위해 사랑을 표현하세요. 오라클 카드 6번

◇◇◇◇◇◇

어린 바다 요정이 조개껍질 속에 앉아 있는 작은 인어와 눈을 마주칩니다. 조개껍질은 당신이 가진 영적인 선물을 나타냅니다. 바다 요정의 머리에 있는 깃털은 감사를 표현하는 것에 관한 것입니다. 인어는 사랑의 상징입니다. 대화하는 사람들과 눈을 마주치고 그것이 관계를 어떻게 심화시키는지 보세요.

사랑을 표현하는 한 가지 방법은 눈을 마주치는 것입니다. 눈은 몸에서 가장 표현력이 풍부한 부분입니다. 누군가와 이야기할 때 눈은, 보고 듣고 이해하고 감사하다는 것을 말해줍니다. 다른 사람들과 눈 마주치는 것을 매일 연습으로 만들어 보세요. 눈을 마주치는 순간, 나와 소통하는 상대에게 큰 변화를 줄 수 있습니다.

Feb 10th

 서향 winter daphne - 영광

영광은 큰 꿈을 가지고 그 꿈을 이루려는 노력에서 나온다. 헨리 포드

◇◇◇◇◇◇

라흐마니노프 피아노 협주곡 3번.

지난달 19일 새벽 5시 반, 휴대전화에 알람 하나가 떠 있습니다. 영국 위그모어홀에서 열린 피아니스트 임윤찬의 라이브 공연 알람입니다. 당시 동시 접속자는 4천 명을 훌쩍 넘었습니다. 밤늦은 시각도 아니고 평일 출근을 앞둔 시간, 그것도 클래식 음악 라이브 공연에 이 숫자라니. 밤새워 기다렸거나 새벽에 깨어나는 수고를 감수한 사람이 이렇게 많았다는 것입니다.

위대한 연주자들은 이 지난하고 고된 관문을 뚫은 흔치 않은 사람들입니다. 보는 우리는 예술에 감동하고 찬사를 보내지만, 예술가들은 그 고된 과정에 영혼이 축나기도 합니다. 그래서 예술은 잔인하다는 생각도 듭니다.

Feb 11th

 멜리사 balm - 동정

동정은 상대방을 이해하고 그들의 고통을 함께 느끼는 것이다. _{알베르트 슈바이처}

◇◇◇◇◇◇

동정은 타인의 고통이나 어려움을 느끼고 그에 대해 공감하는 감정입니다. 동정의 가장 중요한 특징은 이해와 공감입니다. 그 사람을 위해 무엇인가 할 수 있기를 바라며, 손을 내밀고 위로하려는 마음입니다. 하지만 과도하게 강요되는 연민으로 변할 수 있으며, 오히려 상대방을 불편하게 만들거나 자존감을 해칠 수 있습니다.

동정이 진정으로 의미 있는 것은, 실제로 그 사람에게 필요한 지원이나 도움이 되어주는 것입니다. 단순히 불쌍하다고 생각하는 것이 아니라, 그 사람의 상황을 이해하고 그가 필요로 하는 것에 대해 실질적인 지원을 아끼지 않는 것이지요. 타인의 아픔을 함께 나누려는 따뜻한 마음과 그것을 행동으로 옮길 수 있는 용기와 실천이 필요합니다.

Feb 12th

 쥐꼬리망초 justicia procumbens - 가련미의 극치

가련한 사람에게 가장 필요한 것은 동정이 아니라, 손을 내밀어 함께 나아가는 것이다.
헨리 위즈워스 롱펠로우

◇◇◇◇◇◇

생은 걸어 다니는 그림자, 가련한 배우

무대 위에서 우쭐대며 조바심쳐도 차례가 지나면

더 이상 들리지 않는, 어리석은 작가가 들려주는 이야기

소음과 분노로 가득 찬 아무것도 의미하지 않는……

-세익스피어 맥베스 5장 5막 맥베스의 독백

죽음에 관한 책을 선물 받았습니다. 그런데 서문을 읽다가 멈췄습니다. 사실 우울증으로 힘들었던 젊은 어느 시기에 도스토엡스키의 『죄와 벌』을 읽었고 헤르만 헤세의 『데미안』을 읽었고 톨스토이의 『부활』을 읽었고 에밀 졸라의 『목로주점』과 『나나』를 읽었습니다. 『주홍글씨』를 언제 읽었는지, 윌리엄 포크너의 『아스베리 힐』을 언제 읽었는지 잘 생각나지는 않습니다. 청소년기에 읽었던 이 책들은 모두 이해하기 어려운 내용이었습니다. 지금도 나는 여전히 그들이 문장으로 던지는 삶의 해답을 잘 모르겠습니다. 그래서 이렇게 삶의 언저리에서 서성이고 있나 봅니다.

Feb 13th

 갈풀 canary reed grass - 끈기

위대한 일은 끈기 있는 노력에서 나온다. 알버트 아인슈타인

◇◇◇◇◇◇

끈기란 목표를 향해 포기하지 않고 계속해서 나아가는 힘입니다. 그것은 어떤 어려움이나 장애물이 있어도, 혹은 그 과정에서 수많은 실패와 좌절을 겪더라도, 멈추지 않고 목표를 향해 꾸준히 노력하는 자세입니다.

어떤 문제 앞에서 우리는 '나는 못 할 것이다'라는 두려움이나 불안에 시달립니다. 하지만 끈기를 가진 사람은 그런 두려움을 직시하고, 그것을 넘어서려는 용기를 내며 도전합니다. 한계를 인식하는 것과 그것을 극복하려는 노력이 바로 끈기의 본질이니까요. 우리는 생각보다 훨씬 더 큰 가능성을 가지고 있습니다.

Feb 14th

 카모밀레 Chamomile - 역경에 굴하지 않는 강인함

강인함은 넘어지는 것이 아니라, 넘어져도 다시 일어나는 것이다. 미상

◇◇◇◇◇◇

수많은 실패를 겪고 나서야 비로소 깨닫는 것이 있습니다. 실패는 끝이 아니라, 오히려 성공을 위한 밑거름이 된다는 사실입니다. 강인한 사람은 실패를 두려워하지 않으며, 오히려 그것을 배우고 성장하는 기회로 생각합니다. 실패를 인정하고, 그 안에서 중요한 교훈을 찾으며 다시 일어설 준비를 하는 것입니다.

강인함은 단기적인 해결책이나 빠른 결과를 추구하지 않습니다. 시간을 두고 천천히 쌓여 가는 힘입니다. 역경에 맞서 싸우며 때로는 좌절을 겪고, 그 과정에서 자신을 되돌아보며 성장하는 힘이 바로 강인함이니까요. 그것은 스스로에 대한 믿음을 바탕으로, 어떤 어려움도 극복할 수 있다는 확신입니다.

Feb 15th

 삼나무 cedar - 그대를 위해 살다

영웅이란 자신이 해야 할 일을 하는 사람이다. 존 F. 케네디

◇◇◇◇◇◇

안타까운 소식이 들려왔습니다. 경북 문경의 화재 진압에 투입된 소방관 두 분이 순직했습니다. 두 소방관의 나이는 고작 27살, 35살입니다. 생존자 수색을 위해 불길에 뛰어들었고, 그들은 화마에 갇혀 돌아오지 못했습니다.

영웅, 순직, 1계급 특진, 국가유공훈장.

사람은 가고 그 자리에 그것들만 남았습니다.

그대를 위해 산다는 것은 그 사람의 행복을 자신과 동일하게, 소중히 여기는 마음에서 나옵니다. 그 사람의 기쁨과 웃음, 안녕을 위한 행동들이 내 삶의 방향이 되고 그 사람을 위한 배려와 사랑이 나의 힘이 되는 것입니다. 사랑하는 사람이 행복할 수 있도록 최선을 다해 살아가겠다는 다짐이자, 그 사람의 존재가 내 삶을 더욱 빛나게 만들어준다는 사실을 받아들이는 마음입니다. 살아가는 동안 서로에게 의지가 되고, 함께 걸어가는 길이 하나로 이어집니다. 이 길에서 우리는 서로의 마음을 나누며, 사랑이라는 힘이 세상을 바꿀 수 있다는 믿음을 얻습니다.

Feb 16th

 월계수 victor's laurel - 명예

명예를 지키는 길은, 다른 사람에게 의존하기보다는 자신의 품위와 원칙을 지키는 것이다.
에픽테토스

◇◇◇◇◇◇

매해 1월 첫날이면 희망퇴직이라는 내용의 공문이 뜹니다. '희망'이라는 글자가 '퇴직'이라는 글자 앞에 붙어 있습니다. 사실 그 단어만 놓고 보면 명예퇴직이든 희망퇴직이든 퇴직이라는 말 앞에 붙은 수식어가 이렇게 좋아 보여도 되는지 모르겠습니다.

많은 직장인들이 퇴직자 명단에 이름을 올리며 떠나갈 것입니다. 지금, 이 순간 그분들에게 박수를 보내고 싶습니다. 젊은 청춘을 한 직장에서 일하며 누군가의 아들, 딸로 시작하여 지금은 누군가의 아버지와 어머니로 책임을 다하고 떠나는 자리이니 말입니다.

'그대! OO의 자랑이듯, OO! 그대의 자랑이어라'

회사가 직원을 자랑하고, 직원이 회사를 자랑하며 일한 세월을 아름다운 모습으로 기억했으면 좋겠습니다.

Feb 17th

 야생화 wild flower - 친숙한 자연

자연은 완전하다. 우리가 부족한 것은 그 자연을 이해하는 눈이다. 미상

◇◇◇◇◇◇

농사짓는 사람이 부럽습니다. 질투도 했습니다. 그 어떤 사람보다도 농사짓는 사람이 행복해 보입니다. 그렇다고 도시에서 사는 삶이 불행하지는 않습니다. 마음 한쪽이 비어 있는 듯한 부족함은 있습니다. 자본이라는 굴레에 어느 하나 걸리지 않는 게 없습니다. 오롯이 돈입니다. 돈 없으면 하루도 살 수 없는 곳이 도시가 아닌가요.

조금 없이 살면 돼. 조금 불편하게 살면 돼. 조금 욕심을 버리면 돼. 하지만 이미 우리는 그렇게 살고 있습니다. 젊은 친구들이 일찍이 도시를 떠나 농사를 짓는 모습을 보면 나는 왜 진즉에 그런 생각을 하지 않았을까 생각합니다. 도시로, 도시로 가라는 재촉은 받았어도 농사지으며 살라는 사람은 없었으니까요.

자연을 생각하고 사람을 생각하는 농사를 짓겠다고 나선 청년의 삶을 들여다보는 『시골살이, 오늘도 균형』 정광하/오남도, 차츰, 2023을 읽으면서 위안을 받습니다. 광하가 생각하는, 농촌이 소멸하지 않고 도시와 시골을 이어 나갈 수 있는 대안이라는 말에 고개를 주억거립니다. 땅을 지키고 농사를 짓는 사람의 중요성이 자본에 의해 가벼이 여겨지지 않기를 바라는 게 헛된 욕망이 아니길 간절히 기도합니다.

Feb 18th

 미나리아재비 butter cup - 천진난만

천진난만함은 인간이 가질 수 있는 가장 큰 아름다움 중 하나이다. 존 키츠

◇◇◇◇◇◇

아이가 자라나 어른이 되는 정도의 시간이면 충분합니다. 그 시간이면 아무리 단단한 것이라도, 제아무리 견고한 것이거나 무거운 것이라도 모두 부서지거나 녹아내리거나 혹은 산산이 흩어집니다. 내 안에서도 부식된 철판이 삭아 떨어져 나가듯이 검고 붉은 부스러기 같은 것들이 떨어져 나갑니다. 밀려드는 파도에 모래톱이 쓸려나가듯 자잘한 빛들이 반짝이면서 어둠 속으로 영영 사라져갑니다. 내가 태어나 어른이 되는 그 짧은 시간 동안에 말입니다.

분명, 내가 천진난만한 아이였던 시간은 있었겠지요.

Feb 19th

 떡갈나무 oak - 붙임성이 좋음

친근한 사람은 언제나 다른 사람에게 편안함을 주며, 그 사람의 마음을 따뜻하게 한다. 미상

◇◇◇◇◇◇

좋은 사람들 곁에 있으려면 내가 좋은 사람이 되어야 합니다. 그들이 곁에 있는 이유는 나에게 그나마 괜찮은 구석이 남아있기 때문은 아닐까요. 나는 좋은 사람들과 어울리고 싶어서 성장합니다. 그게 가장 큰 동력이고 솔직한 이유입니다.

나는 붙임성도 없고, 곁을 쉽게 내 주지도 않습니다. 낯가림도 심해서 우연처럼 만난 '좋은' 사람들이 곁에 있는 것은 정말 많은 힘이 됩니다. 적정한 거리를 가진 섬에서 내가 안정되게 살 수 있는 이유는 나의 영역을 '친근함'을 빌미로 침범하지 않으면서도, 자기의 자리에서 열심히 발을 구르며 세상을 이롭게 만들기 위해 노력하는 따뜻한 마음을 가진 사람들이 있기 때문입니다.

Feb 20th

 칼미아 kalmia - 커다란 희망

희망은 가장 큰 용기이며, 그것이 있다면 세상에서 무엇이든 가능하다. 미상

◇◇◇◇◇◇

희망은 단순히 미래에 대한 막연한 기대가 아닙니다. 때로는 눈에 보이지 않거나 손에 잡히지 않는 것처럼 느껴질 수 있습니다. 그것은 우리가 마주한 현실 속에서 새로운 길을 찾고, 어려움 속에서도 포기하지 않도록 끊임없이 다짐하게 만드는 힘입니다.

희망은 어두운 터널 속에서 빛을 발견하는 순간처럼, 우리가 가장 힘들고 절망적인 상황에서 손을 내미는 등불과 같습니다. 그것은 삶에 닥친 어려움과 고통을 잊게 해주고, 더 나아가 우리가 그 고통을 극복할 수 있다는 믿음을 줍니다.

희망은 우리가 걸어가는 길에 있어 가장 중요한 나침반이자 등불입니다. 그 희망을 믿고 따라가다 보면, 자신이 상상하지 못했던 큰 성취와 기쁨을 경험하게 될지도 모릅니다.

Feb 21st

 네모필라 Nemophila menziesii - 애국심

애국자는 나라의 발전을 위해 개인의 이익을 초월하는 사람이다. 아브라함 링컨

◇◇◇◇◇◇

애국심은 역사와 전통을 존중하는 마음에서 시작됩니다. 우리가 살고 있는 나라가 오늘날의 모습으로 존재하기까지, 그 뒤에는 수많은 선조들의 노력과 희생이 있었습니다. 그들의 땀과 눈물로 만들어진 이 나라를 지키고 발전시키는 일은 우리의 몫입니다. 애국심은 단지 과거의 영광을 기리는 것에 그치지 않고, 그 영광을 이어가기 위한 책임을 다하는 마음에서 시작됩니다. 과거의 역사를 이해하고 그것을 통해 오늘날 우리가 누리고 있는 자유와 평화를 소중히 여길 때, 진정한 애국심이 실천되는 것입니다.

Feb 22nd

 무궁화 rose of sharon - 미묘한 아름다움

예술은 인간이 가진 가장 순수한 아름다움을 표현하는 방법이다. 레오나르도 다 빈치

◇◇◇◇◇◇

우연히 벨기에 여행과 일정이 맞아 루시 맥켄지 전시회에 다녀왔습니다. 전시장 세 면의 벽을 채운 14개 패널이 만든 거대한 프레스코는 각각의 벽마다 여러 캐릭터와 에피소드를 담고 있습니다. 전시장에 들어서자 바로 보이는 중앙의 벽이 먼저 눈길을 끌었습니다. 독일의 철학자이자 사회학자인 게오르크 짐멜이 한 무리의 학생들에게 여성의 몸을 압박하는 코르셋에 대해 설명하고 있고, 그와 비슷하게 패션에 대해 매우 가부장적인 시각을 가진 또 다른 이론가 아돌프 로스는 그의 아내를 상징하는 어른으로 성장하지 못한 여자 모습의 인형을 들고 있습니다.

살짝 들린 치마 안에 보이는 신발의 모습, 여성 디자이너들이 앉아 있는 모더니즘을 보여주는 테이블과 철제의자, 구멍 난 양말에서 빠져 나온 빨간 매니큐어의 발톱이라든가 패션잡지를 숨기려는 순간 손가락을 입술에 댄 여성의 제스처 등 작가의 상상력을 따라다니려면 무척 분주해집니다. 혹시 이 전시를 보러 간다면 서두르지 말라고 충고드립니다. 시간을 내어 천천히 탐험하듯 보시기 바랍니다. 이 매력적인 아티스트를 발견해야 벽화의 아름다운 미학과 메시지가 아주 오래 기억에 남을테니까요.

Feb 23rd

 살구꽃 prunus - 아가씨의 수줍음

수줍음은 사람의 내면에서 나오는 아름다움이다. 미상

◇◇◇◇◇◇

소녀들이 노래를 부릅니다.

나의 살던 고향은 꽃 피는 산골
복숭아 꽃 살구 꽃 아기 진달래
울긋불긋 꽃 대궐 차린 동네
그 속에서 놀던 때가 그립습니다.

꽃 동네 새 동네 나의 옛 고향
파란 들 남쪽에서 바람이 불면
냇가에 수양버들 춤추는 동네
그 속에서 놀던 때가 그립습니다.
-「고향의 봄」 이원수 작사, 홍난파 작곡

살구꽃 요양원에는 유난히 연분홍 꽃무늬 옷을 좋아하는 아흔네 살 수줍은 아가씨가 삽니다.

Feb 24th

 빙카 Vinca - 즐거운 추억

추억은 우리가 살아온 길을 돌아보게 하고, 그 속에서 삶의 의미를 찾을 수 있게 해준다.
미상

◇◇◇◇◇◇

어린 시절, 부모님과 함께 보냈던 평범한 하루가 즐거운 추억으로 남아 있습니다. 그때의 기억은 단순히 장소나 시간에 국한되지 않습니다. 중요한 것은 그 순간의 감정과 기분입니다. 여름방학에 친구들과 물놀이하며 놀던 날, 겨울이면 따뜻한 집안에서 가족과 함께 보냈던 순간들. 즐거운 추억은 우리가 의식하지 않았던 작은 일들 속에서 만들어집니다.

추억은 시간이 지나면서 더욱 선명하고 소중해집니다. 지금은 다소 멀어진 친구와의 만남이 있던 날, 함께 나눈 마지막 대화와 웃음이 떠오를 때마다 그 순간이 얼마나 소중했는지 깨닫습니다. 그 추억들은 지금의 나를 만든 소중한 일부이며, 그때의 감정과 사람들은 여전히 마음속에 살아 숨 쉬고 있습니다.

Feb 25th

 사향 장미 musk rose - 변덕스런 사랑

사랑은 때로는 바람처럼 변하고, 마음속 깊은 곳에 상처를 남기기도 한다. 미상

◇◇◇◇◇◇

우리는 여럿의 색을 숨기며 살아가는 단색 가면의 인간이 아니라, 매일 하루의 색깔을 바꿔가며 살아가는 변색 동물인지도 모릅니다. 오늘 내 기분은 이렇지만, 내일의 내가 어떨지는 전혀 모릅니다. 사랑하다가 사랑하지 않을 수도 있고, 미워하다가 미워하지 않을 수도 있습니다. 어쩌면 우리의 마음이 아주 변덕스러워서, 내가 나의 변화를 견딜 수 없어서 삶을 지루해하는 것은 아닐까요. 적당한 색깔을 하나 골라서, 그 색을 연기하면서 살아가는. 어제도 오늘도 늘 그 색이 변화하고 바뀌는 것을 애써 부인하면서.

변덕스러운 사랑은 마치 바람에 흩날리는 꽃잎처럼 예측할 수 없어, 끊임없이 변하는 감정의 흐름을 따릅니다. 사랑이란 본래 복잡하고 다채로운 감정의 결합입니다. 그래서 우리는 자신의 감정을 의심합니다. 상대의 마음이 언제 바뀔지 모른다는 불안감에, 나 역시 내 감정이 진심인지 아닌지에 대해 수시로 질문을 던집니다.

사랑은 단지 순탄한 길을 따라가는 것이 아니라, 때로는 구불구불한 길을 걷는 과정에서 진정한 이해와 성숙을 이루어가는 것입니다.

Feb 26th

 아도니스 adonis - 슬픈 추억

추억은 우리가 잃어버린 시간 속에서 찾을 수 있는 가장 아름다운 보물이다. 미상

◇◇◇◇◇◇

몸은 더 이상 예전처럼 말을 듣지 않고 정신도 점점 희미해집니다. 알츠하이머나 치매 같은 병이 오고 기억은 점차 사라집니다. 생명의 불빛이 희미해지면 더욱 그렇습니다. 로사토 베넷의 영화(치매 환자들에게 노래를 들려주자는 프로젝트 다큐)와 『추억에 관한 모든 것』의 자나타의 실험(향수鄕愁 훈련: 추억이, 과거에 대한 기억이, 삶에 얼마나 중요하게 작용하는지 실험)은 우리의 기억력이 아무리 약해지더라도 음악이 언제든 우리를 과거로 보내준다는 것을 알려줍니다.

사실 향수鄕愁가 얼굴, 대화, 장소, 물건, 냄새, 소리 가운데 어떤 것에 유발되듯 아름다운 기억이라고 해서 꼭 완벽한 것은 아닙니다. 그 기억이 사실인지도 확신할 수 없습니다. 우리 기억력은 때로 내가 원하는 것만 기억하니까요.

과거를 기억할 수 있다는 것은 이중으로 즐거운 일입니다. 우리는 아름다운 기억에 감사하고, 아름답지 않은 기억으로 위로받습니다. 그 시절을 잘 극복했기 때문입니다. 과거가 어떤 기억으로 남든, 스스로 구원하는 위로는 그 어떤 위로 보다 큰 위로가 되니까요.

Feb 27th

 아라비아의 별 star of arabia - 순수

순수한 사람은 세상의 혼란 속에서도 자신의 길을 잃지 않는다. 미상

◇◇◇◇◇◇

나이를 먹는다고 그 숫자만큼 어른이 되지 않는다는 말에 동의합니다. 불현듯 숨겨진 내면의 아이가 불쑥 튀어나올 때가 있습니다. 담담하고 어른답게 살아가고 있다고 생각하지만, 아이와 만날 때는 속수무책입니다. 주체할 수 없이 기쁜 날에는 멋대로 찾아와 웃음을 터뜨리고, 참을 수 없이 화가 나거나 슬픔에 잠길 때는 어른답지 못한 눈물샘이 멈출 줄 모릅니다. 엉엉 소리 내어 울기도 합니다.
이 나이에도 내 안에 여전히 살아있는 내면의 아이를 살펴줘야 한다는 걸 잊고 삽니다. 토닥토닥 위로하며 돌보아야 한다는 것을요.

Feb 28th

 보리 straw - 일치단결

타인을 이해한다는 것은, 그들의 감정에 공감한다는 것을 의미한다. 오스카 와일드

◇◇◇◇◇◇

동인들과 짧은 여행을 가기로 했습니다. 하지만 날짜를 정하는 것부터 난관에 봉착했습니다. 각자의 이유는 헤아릴 수 없이 많았고, 결국 다음으로 미뤘습니다. 한 달여의 시간이 흐른 후 다시 날짜를 의논했습니다. 이번에도 여러 이유로 다시 미뤄졌습니다.

드디어 날짜가 정해졌습니다. 이제 이동 수단을 결정해야 합니다. 열세 명의 인원이 움직이려면 승용차 3대가 필요하고 운전자는 왕복 최소 7시간을 운전해야 합니다. 운전자의 피로도는 물론이고 안전에도 문제가 있으니까요. 세 명의 운전자에게 주유비, 통행료, 회비 면제 등 혜택을 주기로 했으니 일정 지출이 발생합니다. 그 비용이라면 모두가 안전하고 편안하게 이동할 수 있는 대형 차량을 렌트하는 것이 어떻겠냐는 의견이 나왔습니다. 물론 추가 비용은 감수해야 합니다. 다시 논의가 시작됐습니다. 결국 대형버스 렌트로 결정되었습니다.

그때 새로운 제안이 나왔습니다. 문학의 길에 처음 들어선 이들과 이미 그 길을 걷고 있는 우리 동인(同人)들과의 동행입니다. 대부분 찬성했습니다만 우리만의 여행을 요구하는 의견을 무시할 수 없습니다. 함께하고 싶지 않은 그 마음의 의미가 무엇인지 생각했습니다. 결국 우리만의 여행을 떠나기로 했습니다. 민주주의 방식으로 잘 해결된 것이 맞는 거겠죠.

Feb 29th

 아르메리아 armeria - 배려

사람을 존중하고 배려하는 마음이야말로 세상을 밝히는 불씨다. 윌리엄 제임스

◇◇◇◇◇◇

오늘은 약속이 있어 오랜만에 지하철을 탔습니다. 이른 아침의 전철은 자리는커녕 서 있을 곳도 마땅치 않을 만큼 빽빽합니다. 가방에는 전해 줄 물건과 우산으로 꽉 차 있어 몸을 움직이기도 불편합니다. 어서 출입구에서 멀어지는 것이 상책이라 조금씩 안으로 밀고 들어갔습니다. 드디어 조금 한적한 안전지대에 도착합니다. 갈 길이 멀어 책 한 권을 꺼내 들었습니다. 그런데 바로 앞에 앉아 있던 사람이 일어섭니다. 냉큼 자리에 앉았습니다. 운수 좋은 날입니다. 그런데 자리에서 일어난 남자는 내리지 않고 몇 정거장을 서서 갑니다. 혹시 내게 자리를 양보해 준 것일까요. 그렇다면 무엇 때문에 자리를 양보한 것일까요. 아직 저는 자리를 양보받을 만한 나이는 아닙니다. 어쩌면 책을 읽느라 한 팔에 무거운 가방을 매달고 서 있는 내가 안 돼 보였을까요. 사실 지금도 의문입니다.

배려에 관해 생각해 봅니다. 배려는 도와주거나 마음을 쓰는 일이라고 했습니다. 어제도 오늘도 일면식 없는 이들로 인해 행복을 경험했습니다. 나는 어떤 사람일까, 생각해 봅니다. 인생은 선택의 순간들로 이루어져 있고 행복해지고 싶으니까 좋은 것들을 선택하고 싶습니다. 오늘도 그런 날이 되기를 바랍니다.

깨어남과 변화의 달
The Month of Awakening and Change

mar 1st

 수선화 Narcissus - 자존감

자존감은 내가 나를 어떻게 대하는지에 대한 태도이다. 루이스 헤이

◇◇◇◇◇◇

자존감은 나 자신을 어떻게 바라보는지, 그리고 자신의 가치를 어떻게 인식하는지에 관한 중요한 부분입니다. 자존감이 높을 때, 우리는 자신에게 진실하고, 세상의 도전에 더욱 긍정적으로 반응합니다. 반대로 자존감이 낮을 때는 작은 비판에도 큰 상처를 입고, 자신을 과소평가하며 불안감을 느낍니다.

자존감은 평소 자신을 어떻게 대하는지, 어떻게 마음을 챙기는지에 따라 쌓여 가는 것입니다. 자존감을 키우는 방법은 자신을 돌보고, 긍정적인 생각을 가지며, 자신에게 필요한 것들을 충족시키는 것에서부터 시작됩니다. 자신에게 너무 큰 기대나 압박을 가하지 않고, 있는 그대로의 자신을 인정하는 연습이 필요합니다. 나의 부족한 부분을 인정한다고 해서 존재감이 떨어지는 것은 아닙니다. 오히려 그러한 과정을 통해 더욱 성장하고, 진정한 자존감을 얻을 수 있습니다.

mar 2nd

 미나리아재비 Butter Cup - 아름다운 인격

가장 아름다운 사람은 자신을 있는 그대로 받아들이고, 다른 사람을 존중하는 사람이다.
미상

◇◇◇◇◇◇

아름다운 인격을 가진 사람은 타인을 존중하고 배려합니다. 자신을 낮추고, 상대방을 소중히 여기는 태도를 지니며, 어떤 상황에서도 예의를 지키고 겸손하게 행동합니다. 비록 자신이 어려운 상황에 놓여 있을지라도 타인을 이해하고 돕기 위해 힘쓰며, 언제나 친절함과 긍정적인 에너지를 나눕니다.

이런 사람들은 화가 나거나 실망스러운 상황일 때도 다른 사람에게 해를 끼치지 않으려고 노력합니다. 감정의 폭풍 속에서도 자신의 품위를 지킵니다. 경쟁보다는 협력의 가치를 중요시하며, 타인의 성공을 함께 기뻐하고 응원합니다. 자만하거나 시기하지 않고, 다른 사람의 성장을 돕기 위해 기꺼이 힘을 보태는 성품입니다.

mar 3rd

 자운영 Astragalus - 나의 행복

진정한 행복은 외부에서 오는 것이 아니라, 내면에서 찾을 수 있다. 에픽테토스

◇◇◇◇◇◇

행복은 어떤 특별한 순간이나 화려한 성취에서 오는 것이 아닙니다. 오히려 그 행복은 일상의 작은 순간 속에서 찾아옵니다. 아침 햇살이 창문을 통해 부드럽게 들어올 때, 따뜻한 커피 한 잔을 마실 때, 가족이나 친구와 함께 웃고 이야기할 때, 그런 소소한 일상이 나를 행복하게 만듭니다. 행복은 바로 지금, 이 순간 내가 느끼고 경험하는 모든 것에 있습니다.

행복은 마음의 상태와 깊은 연관이 있습니다. 내가 선택한 길을 가고, 내가 소중히 여기는 사람들과 함께하며, 내가 사랑하는 일을 할 때 행복을 느낍니다. 그래서 나의 행복은 내가 내 삶의 주인공이 되어, 내가 원하는 대로 살아갈 때 빛납니다. 마음의 소리에 귀 기울이고 그것에 따라 살아갈 때 나의 행복은 더욱 확실해집니다.

삶이 어렵고 힘들 때가 있습니다. 하지만 어려움 속에서도 나만의 행복을 찾을 수 있다고 믿습니다. 고통이나 슬픔은 오히려 나를 더 강하게 만들고, 행복의 소중함을 더 깊이 깨닫게 해주는 계기가 됩니다. 행복은 항상 밝은 곳에만 있는 것이 아니라, 어두운 순간 속에서도 그 빛을 찾을 수 있는 능력에 있다고 믿습니다.

mar 4th

 나무딸기 Raspberry - 애정

진정한 애정은 상대방을 있는 그대로 받아들이는 것이다. 칼로저스

◇◇◇◇◇◇

며느리에게서 문자가 도착했습니다. 큰아들이 근무하는 연구소가 경상남도 창원에 있어 아들 부부와는 멀리 떨어져 살고 있습니다. 우리 가족은 대체로 조용한 편인데, 사돈댁도 비슷한 가풍이었는지 며느리의 성품도 차분한 편입니다. 특별한 일이 없으면 고부간에 연락도 자주 하지 않습니다. 그렇다고 해서 섭섭한 감정이 있는 것은 아닙니다. 비슷한 가정환경과 성품을 가져서 다행이라고 생각합니다.

친하게 지내는 지인의 가족들은 자주 모이고, 수시로 연락을 주고받습니다. 일을 하다가, 쇼핑을 하다가, 음식을 만들다 생각났다며 사소한 일상을 전하고 묻습니다. 때로는 그들의 잦은 통화가 신경 쓰일 때도 있습니다. 특별한 일이 있는 것도 아닌데, 업무시간을 자주 방해하는 것 같아서입니다. 하지만 떠들썩하게 살아가는 모습이 때론 부러울 때도 있습니다. 속내야 어찌 되었든 그들은 애정 어린 마음으로 서로의 삶에 참견하고 이해하며 살아가는 것이겠지요.

-어머님, 잘 지내시죠.

따뜻한 봄날처럼 다가온 어느 날의 사랑.

mar 5th

 수레국화 Corn Flower - 행복감

행복은 우리가 경험한 모든 순간을 통해 마음속에 새겨진 느낌이다. _{헬렌 켈러}

◇◇◇◇◇◇

행복은 작은 것에서 시작됩니다. 아침에 맞이한 따스한 햇살, 사랑하는 사람과의 대화, 고마운 마음이 담긴 손 편지 한 통 혹은 조용히 흐르는 음악을 들으며 사색에 잠기는 시간. 사실 행복이란 거창한 사건이나 큰 성취에서 오는 것이 아니라, 일상에서 누리는 소소한 기쁨들에 숨어 있을 때가 많습니다.

진정한 행복은 내면의 평화를 어떻게 찾아가는지에 달려 있습니다. 자아를 사랑하고, 부족함을 이해하며, 주어진 것에 감사하는 마음이 행복을 만드는 핵심입니다. 다른 사람과의 비교에서 벗어나, 자신만의 방식으로 행복을 정의하고 살아가는 것이 중요한 이유입니다.

행복은 지금, 이 순간을 어떻게 살아가느냐에 달려 있습니다. 그 순간의 가치를 이해하고 느끼는 것이 바로 진정한 행복으로 나아가는 길이니까요.

mar 6th

 데이지 Daisy - 명랑

명랑함은 다른 사람들에게 행복을 전하는 가장 큰 선물이다. 카를 융

◇◇◇◇◇◇

어두운 구름이 지나가고 햇살이 비추는 순간처럼, 명랑함은 그 자체로 사람을 밝게 만드는 힘이 있습니다. 우리 삶에 긍정적인 변화를 일으킵니다. 그것은 단순히 웃음이나 떠들썩한 분위기에서 오는 것이 아닙니다. 마음속 깊은 곳에서 우러나오는 에너지로, 자신을 밝게 만들고 주변을 따뜻하게 감싸는 힘입니다.

명랑함은 타고나는 것이 아니라, 선택의 결과이기도 합니다. 어떤 상황에서든 밝은 마음으로 하루하루를 살아가기로 결심하는 사람은, 주변에 좋은 영향을 미치며 자신도 행복해집니다. 명랑함은 삶에 대한 깊은 사랑입니다. 이 세상에서 마주하는 모든 것들을 사랑으로 바라보려는 마음입니다.

mar 7th

 황새냉이 Cardamine - 사무치는 그리움

사람들은 서로를 잃을 때, 그리움 속에서 서로를 다시 만난다. 알프레드 테니슨

◇◇◇◇◇◇

그리움은 한 사람의 마음을 깊이 파고드는 감정입니다. 그것은 눈에 보이지 않는 실처럼 마음속에 엉켜 들며, 어떤 때는 숨 쉴 틈을 주지 않고, 또 어떤 때는 그리움의 끝자락에서 눈물짓게 만듭니다. 그리움이란, 단순히 멀리 떨어져 있는 사람이나 사라진 순간에 대한 아쉬움만이 아닙니다. 그것은 지나온 시간과 그 시간 속에서 느꼈던 따뜻함, 사랑 그리고 이제는 다시 돌아올 수 없는 그 모든 것들에 대한 그리움입니다.

어쩌면 그리움이란, 우리에게 아름다운 순간들을 다시 한번 떠올리게 해주는 선물인지도 모릅니다. 그 사람과의 만남, 그 시간의 의미가 삶 속에 얼마나 깊이 새겨졌는지를 일깨워주니까요. 그리움을 품고 살아간다는 것은, 그리운 사람과의 연결을 여전히 유지하고 있다는 뜻입니다. 지나간 시간 속에 계속해서 살아 숨 쉬는 마음이기 때문입니다.

mar 8th

 밤꽃 Castanea - 진심

진심을 다해 말하는 것, 그것이 바로 진정한 말이다. 헬렌 켈러

◇◇◇◇◇◇

진심을 담아 말하는 것, 또는 행동하는 것은 어려운 일입니다. 세상은 너무 복잡하고, 서로의 기대와 요구가 얽혀 있어 진심을 표현하는 것이 부담스러울 수 있기 때문입니다. 진심은 복잡하거나 거창하지 않습니다. 작은 관심, 고요한 배려, 혹은 단 한 마디의 따뜻한 말 속에서도 느낄 수 있습니다.

하지만 진심은 때로 상처를 남기기도 합니다. 진심으로 전한 말이나 행동이 상대방에게 아프게 다가갈 수 있기 때문입니다. 그러나 진심은 항상 상대방을 배려하는 마음에서 비롯되어야 한다는 점에서, 그 의도는 언제나 선하게 이해될 것입니다. 어떤 말을 하든, 그 속에 진심이 담겨 있다면 언젠가는 그 마음을 알아채고 받아들일 테니까요.

mar 9th

 낙엽송 Larch - 대담

대담함은 두려움을 넘어설 때 시작된다. 넬슨 만델라

◇◇◇◇◇◇

대담한 사람은 세상의 규칙을 깨고, 기존의 틀을 벗어나 새로운 길을 여는 사람입니다. 두려움을 마주하더라도 자신을 믿고, 낯선 도전에 적극적으로 나섭니다. 대담함은 더 큰 꿈을 향해 나아가려는 강한 의지와, 불확실성 속에서도 흔들리지 않고 자신을 믿는 용기입니다. 불가능이나 위험이라는 단어에 굴하지 않으며, 오히려 자신의 가능성으로 바꾸려고 합니다.

하지만 책임도 따릅니다. 대담한 결정이나 행동은 때로 다른 사람들에게 영향을 미칠 수 있으며, 그만큼 신중함이 필요합니다. 단지 자신의 꿈을 이루기 위한 과감한 시도가 아니라, 주변 사람들과의 관계, 사회적 책임을 고려한 현명한 도전이어야 하니까요. 대담한 사람은 자신의 선택이 미치는 영향을 이해하며, 이를 감당할 준비가 되어 있어야 합니다.

mar 10th

 느릅나무 Hackberry - 고귀함

고귀한 마음은 언제나 겸손하며, 자신을 높이려 하지 않는다. 라오쯔

◇◇◇◇◇◇

고귀함은 겸손과 연관이 깊습니다. 고귀한 사람은 자신을 과시하거나 자랑하지 않습니다. 자신의 성취나 능력을 내세우기보다는, 항상 타인의 공로를 인정하고 자신을 낮추며 진정한 의미에서 겸손하게 살아갑니다. 자신이 가진 것에 감사하고 자신을 존중하면서도, 항상 배우고 성장하려는 자세를 유지합니다.

고귀한 사람은 자신의 원칙을 지키고, 정직하게 행동합니다. 어려운 상황에서도 타협하지 않으며, 옳은 길을 선택하려 노력합니다. 말과 행동은 일관되게 정직하고 진실합니다. 그래서 사람들은 그런 마음을 가진 사람에게서 위안을 얻고, 함께 있을 때 편안함을 느낍니다. 자신을 위해 사는 것이 아니라, 세상과 다른 사람들에게 긍정적인 영향을 미치는 삶의 방식입니다.

mar 11th

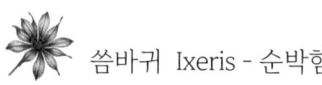 쓴바귀 Ixeris - 순박함

진정한 순박함은 가식 없이 자신을 드러내는 것이다. 에픽테토스

◇◇◇◇◇◇

순박함은 세상에 대한 시각이나 사람들과의 관계에서 계산된 의도 없이, 진심으로 단순하고 순수한 마음으로 살아가는 태도입니다. 감추거나 꾸미지 않고 있는 그대로의 자신을 드러내며, 세상의 복잡한 이득을 추구하기보다는 순수한 마음으로 삶을 대하는 사람들입니다. 그들의 마음속에는 가식이나 악의가 없으며, 모든 것을 직관적이고 진솔하게 받아들이고 표현합니다.

순박함은 세상에서 점차 드물어지고 있는 덕목입니다. 이러한 마음으로 살아가는 것이 때로 어렵고 상처받을 수 있겠지만, 그 속에서 진정한 아름다움과 따뜻함을 발견할 수 있지 않을까요.

mar 12th

 ## 수양버들 Weeping Willow - 사랑의 슬픔

사랑은 기쁨을 주지만, 때로는 그만큼 큰 슬픔을 안겨준다. 윌리엄 셰익스피어

◇◇◇◇◇◇

사랑이 주는 기쁨은 가슴을 벅차게 만들지만, 그 사랑이 상처로 변할 때 우리의 마음은 깊은 슬픔에 잠깁니다. 진심으로 누구에게 마음을 열었는지, 어떻게 그 마음을 나누었는지에 대한 깊은 회의와 후회를 동반하기도 합니다.

사랑의 슬픔은 상실에 대한 아픔입니다. 그러나 우리가 더 나은 사람으로 성장할 수 있는 계기가 되기도 합니다. 그 아픔 속에서 자신을 되돌아보게 되고, 사랑의 의미를 더욱 깊이 이해하게 되니까요. 그래서 사랑은 주고받는 것만큼, 그것을 놓아주는 것도 중요합니다.

mar 13th

 ## 산옥잠화 Day Lily - 사랑의 망각

사랑의 망각은 시간이 지나면서 서서히 우리의 마음을 정화 시킨다. 프란츠 카프카

◇◇◇◇◇◇

사랑의 망각은 서서히 흐려져 가는 감정의 흔적입니다. 처음에는 깊고 뜨겁게 타오르던 마음이 어느새 시간이 지나면서 차가운 기억으로 남게 됩니다. 사랑을 잃는 것보다 더 아픈 것은, 그 사랑이 서서히 나에게서 멀어져 간다는 걸 느끼는 순간입니다.

처음에는 그 사랑이 떠오를 때마다 아픔이 밀려오고, 그 사람의 얼굴, 목소리, 함께 했던 시간이 눈앞에 선명하게 떠오릅니다. 하지만 시간이 지나면서 그리움은 점점 덜어지고, 기억은 서서히 희미해집니다. 사랑을 잊는다는 건, 그 사람과 나눈 소중한 순간들이 점점 다른 사람들의 기억 속으로 밀려나는 것인지도 모릅니다.

mar 14th

 아몬드 Almond - 희망

희망은 우리의 꿈을 실현시키는 첫 번째 단계이다. _{제임스 러셀 로웰}

◇◇◇◇◇◇

희망은 어두운 밤하늘에서 반짝이는 별과 같습니다. 지치고 힘들 때, 그 별빛은 우리에게 방향을 알려주고, 앞으로 나아갈 용기를 줍니다. 단지 꿈이나 바람이 아니라, 어려운 상황 속에서도 잃지 말아야 할 중요한 감정이자 삶을 살아가는 원동력입니다. 희망은 무엇보다도 미래에 대한 믿음입니다. 불확실한 내일 속에서 우리가 기대할 수 있는 것, 그리고 그것을 향해 나아갈 수 있는 힘입니다.

세상은 우리에게 때로 예상치 못한 상황과 고난을 던져줍니다. 하지만 그 속에서도 희망을 찾을 수 있는 사람은 결국 그 고난을 이겨내고 성장하게 되겠지요. 희망이란, 믿음이며 그 믿음은 우리가 가는 길에 가장 중요한 나침반입니다.

mar 15th

 독당근 Conium maculatum - 죽음도 아깝지 않은

내가 죽음을 두려워하지 않는 이유는 내가 살았기 때문이다. 알베르 카뮈

◇◇◇◇◇◇

죽음은 누구에게나 피할 수 없는 현실입니다. 모든 생명은 언젠가 그 끝을 맞이하게 되며, 그것은 삶의 자연스러운 순환입니다. 우리는 죽음을 두려워하고, 그것을 어떻게든 미루고 싶어 합니다. 하지만 누군가는 두려움 없이 살아갈 수 있다는 깨달음을 얻기도 합니다. 더 이상 아쉬움이나 미련이 없고, 삶의 모든 순간이 자신에게 중요한 의미가 있음을 알게 됐으니까요. 그 길을 걸어온 모든 경험이 나를 만든 것이고, 그 과정에서 존재의 의미를 찾았으므로 죽음이 와도 그것을 기꺼이 맞이할 준비가 된 것이겠지요.

삶의 끝이 다가온다고 해서 우리가 살아온 시간과 이루어낸 것들이 무의미해지지는 않습니다. 사랑하는 사람들과 함께했던 순간들, 그리고 자신이 나아가고자 했던 길에서 만난 인연들에게 그저 감사하면 되지 않을까요.

mar 16th

 박하 Mint - 미덕

미덕은 자연스러운 아름다움이며, 진정한 아름다움은 내면에서 나온다. 카를 융

◇◇◇◇◇◇

미덕은 스스로에게, 그리고 타인에게 어떤 가치를 실천하고자 하는 마음가짐입니다. 진정한 미덕은 우리의 행동과 선택 속에서 나타납니다. 그것은 작은 친절, 책임감 있는 태도, 정직함, 그리고 공감하는 마음에서 찾을 수 있습니다. 단지 옳은 일을 하는 것이 아니라, 우리가 가진 능력과 자질을 최대한 발휘하여 세상과 사람들에게 긍정적인 영향을 미치는 데 초점을 둡니다. 정직, 용기, 겸손, 인내와 같은 미덕들은 우리가 직면하는 수많은 상황에서 올바른 길을 선택하게 해주며, 어려운 시기에도 흔들리지 않고 그 길을 걸어갈 수 있도록 도와줍니다.

mar 17th

 콩꽃 Bean - 반드시 오고야 말 행복

행복은 먼 곳에 있지 않다. 마음의 준비가 되면, 결국 찾아오는 것이다. _{앙투안 드 생텍쥐페리}

◇◇◇◇◇◇

행복은 언제든지 손에 넣을 수 있는 것처럼 보이지만, 먼 곳에 있는 것처럼 느껴지기도 합니다. 그럴 때 우리는 행복을 찾기 위해 애쓰고, 길을 잃은 듯 방황합니다. 그러나 중요한 것은, 행복은 반드시 오고야 말 것이라는 믿음을 가지고 살아가는 것입니다. 비록 그 길이 멀고 험할지라도, 결국에는 행복이 올 것이라는 확신의 믿음입니다.

행복은 주어진 삶 속에서 무엇을 선택하고, 어떻게 살아가느냐에 달려 있습니다. 그 선택은 우리 안의 마음에서 시작됩니다. 끝내 희망을 잃지 않고 사노라면, 결국에는 행복이 반드시 찾아올 것이라는 믿음입니다. 반드시 오고야 말 행복, 어쩌면 그것은 우리가 느끼지 못한 채 지나가는 순간들 속에 숨어 있을지도 모릅니다.

mar 18th

 ## 아스파라거스 Asparagus - 무변화

세상에서 유일하게 변하지 않는 것은 변화 그 자체다. 찰스 다윈

◇◇◇◇◇◇

변화는 인간의 본능입니다. 변화를 통해 성장하고 발전하며 더 나은 자신을 만들어 갑니다. 무변화는 그 모든 과정이 멈춘 듯한 상태로, 시간 속에 묶여 있는 듯한 느낌을 줍니다. 변하지 않는 상태는 마치 고요한 바다처럼 한눈에 보기엔 평화롭고 안정적인 것처럼 보입니다. 변화는 불확실하고 두렵습니다. 하지만 변화가 없으면 더 이상 새로운 경험을 할 수 없습니다.

변화하지 않는 것이 부정적인 것만은 아닙니다. 흐르는 물이 잠시 멈춰서 맑은 물속을 비추는 것처럼, 한 걸음 물러서서 바라보는 삶이 더욱 선명해질 때도 있으니까요.

mar 19th

 치자나무 Cape Jasmine - 한없는 즐거움

진정한 즐거움은 세상 밖의 것이 아니라, 내면에서 우러나온다. 에픽테토스

◇◇◇◇◇◇

한없는 즐거움은 마치 끝없는 바다처럼, 그 끝을 알 수 없고 다가갈수록 더 깊고 넓어지는 감정입니다. 살아가면서 경험하는 삶의 작은 순간들 속에서 자연스럽게 스며드는 기쁨입니다. 사랑하는 사람과 함께 나누는 따뜻한 대화, 오랜 시간 기다려온 꿈을 이룬 순간 또는 바람에 흔들리는 나뭇잎을 바라보며 느끼는 평온함과 같은 일상 속의 아름다움에서 찾아지는 즐거움입니다. 그런 순간들이 모여 진정한 즐거움을 만들어 가고, 우리는 그 속에서 더 많은 것을 배우며 살아가는 것이겠지요.

진정한 즐거움은 삶의 작은 기쁨을 얼마나 소중히 여기고, 그것을 마음속 깊이 느낄 수 있느냐에 달려 있습니다. 그 즐거움이 외부의 어떤 조건에서 온다고 믿는다면, 언젠가 사라질 수도 있습니다. 하지만 내면에서 비롯된 것이라면, 시간이 지나도 계속해서 우리 삶을 풍요롭게 만들어 줄 것입니다.

mar 20th

 ## 보라색 튤립 Tulipa - 영원한 애정

영원한 사랑은 시간과 공간을 초월한다. 그것은 모든 것을 이겨낸다. 셰익스피어

흔히 사람들은 사랑을 불확실하고 변덕스러운 감정으로 묘사합니다. 이러한 마음은 어떤 이와 함께한 시간이 오래될수록 깊어집니다. 처음 만났을 때의 설렘이나 감정은 시간이 지남에 따라 더 성숙하고, 그 속에 담긴 의미는 더욱 풍성해집니다. 서로의 이해와 배려, 그리고 함께한 수많은 순간이 그 애정을 더욱 단단하게 만드니까요.

사랑이 영원할 수 있을까, 하는 질문은 누구나 한 번쯤 해보았을 것입니다. 영원한 애정은 서로의 삶을 깊이 이해하고, 함께 성장해 가는 과정을 의미합니다. 우리는 변화하는 존재이기 때문에, 한 사람과의 관계 속에서 반드시 같은 상태로 계속 살아가지는 않습니다. 그러나 그 변화 속에서도 끊임없이 서로를 이해하고 사랑할 수 있는 능력이 있다면, 그 사랑은 영원히 지속될 수 있지 않을까요.

mar 21st

 벚꽃 난 Honey-Plant - 인생의 출발

인생의 출발은 우리가 선택하는 방향에 따라 무한히 변화한다. 오프라 윈프리

◇◇◇◇◇

어린 시절, 우리는 무엇이든 할 수 있을 것처럼 느낍니다. 그때의 순수한 열정과 호기심은, 세상의 크고 작은 도전을 마주할 때마다 마음속에 살아있습니다. 어른이 된 지금, 그 출발의 순간을 돌아보면 우리는 많은 것들을 배웠고 많은 어려움 속에서도 한 걸음씩 앞으로 나아갔습니다.

인생의 출발은 단 한 번만 오는 것이 아닙니다. 오늘이 새로운 출발의 기회이며, 자신을 다시 발견하고 새로운 목표를 설정할 수 있는 시간입니다. 이 출발은 선택하는 방식에 따라 달라집니다. 어떤 날은 평탄하게 느껴지기도 하지만, 어떤 날은 구름에 가려져 있어 방향을 잃을 수도 있습니다.

우리는 실수를 하기도 하고, 실패도 경험하면서 여전히 한 걸음씩 성장해 갑니다. 중요한 것은 출발을 두려워하지 않고, 나아가는 것입니다. 과거의 실수나 실패에 연연하지 않고, 앞으로 나아갈 길에 집중해야 하는 것이지요. 인생의 출발은 결국 우리가 어떻게 선택하고, 어떤 마음으로 이 여정을 이어가는가에 달려 있습니다.

mar 22nd

 당아욱 Mallow - 은혜

은혜는 받은 자의 마음을 변화시키고, 그 변화는 세상을 바꾸는 힘이 된다. 마틴 루터 킹 Jr

◇◇◇◇◇◇

은혜는 우리가 스스로 깨닫지 못하는 사이에 이루어지는 기적과 같습니다. 내게 큰 은혜를 베푼 사람에게 내가 그저 감사할 뿐이라고 생각하지만, 그 사람 역시 자신만의 이유로 나에게 은혜를 베풀었을 것입니다. 그래서 은혜는 끝없는 순환의 고리와 같습니다. 우리가 받은 은혜를 다른 이들에게 나누어줄 때, 그 고리는 계속해서 이어집니다. 세상은 더욱 따뜻해지고, 서로 연결되어 있음을 느낍니다. 눈에 보이지 않지만 마음으로 느낄 수 있는 깊은 감동입니다. 더 이상 혼자가 아니라, 누군가와 함께하는 존재로서 삶을 확인하게 되는 것이니까요.

mar 23rd

 글라디올러스 Gladiolus - 정열적인 사랑

사랑은 두 사람을 하나로 묶는 불꽃이다. 그것이 바로 정열의 힘이다. 에밀리 디킨슨

◇◇◇◇◇◇

사랑하는 사람을 생각하는 것만으로도 가슴이 뛰고, 그 사람의 미소 하나에 세상의 모든 것이 달라 보입니다. 이 사랑은 시간과 공간을 초월하여 한 세계를 만들어 갑니다. 둘만이 아는 비밀스러운 이야기들이 쌓여 가며, 그 어떤 것도 그들 사이의 감정을 방해할 수 없습니다. 남다른 눈빛과 목소리에 마음이 흔들리고 몸과 마음이 하나 되어 서로에게 의지합니다.

하지만 사랑은 항상 달콤한 것만은 아닙니다. 그 강렬함은 때로 집착으로 변하기도 하고, 상대방을 너무나 원하게 되어 불안감과 의심을 불러일으킬 수도 있습니다. 지나치게 뜨거운 감정은 타이밍을 놓치거나 서로에게 불필요한 감정의 소모를 가져오기도 합니다.

mar 24th

 금영화 California Poppy - 희망

희망은 우리가 가장 어려운 순간에도 끝까지 버티게 만드는 힘이다. 버락 오바마

◇◇◇◇◇◇

희망은 어두운 터널 속에서 빛을 찾아가는 작은 불빛과 같습니다. 세상이 무섭고, 길이 보이지 않을 때, 희망은 그 어둠을 뚫고 나가는 힘입니다. 그것은 우리가 살아가는 이유이자, 절망 속에서도 계속해서 앞으로 나아가게 만드는 원동력입니다.

희망은 스스로 만들어 가는 것입니다. 때로는 아무리 기다려도 희망이 보이지 않을 때가 있습니다. 그럴 때 스스로에게 작은 희망의 씨앗을 심어야 합니다. 어려운 현실을 직시하며, 할 수 있는 일에 집중하고, 하루하루 최선을 다하여 희망을 키워가야 하는 것이지요. 희망은 우리가 포기하지 않고 끝까지 나아갈 때, 비로소 모습을 드러냅니다. 가장 어두운 밤에도 별은 빛납니다. 희망도 그와 같습니다. 희망을 잃지 않는 한 결코 절망에 굴복하지 않을 것입니다.

mar 25th

 덩굴성 식물 Climbing plant - 아름다움

아름다움은 순간의 마법이 아니라, 지속되는 가치를 지닌 것이다. 에디터

◇◇◇◇◇◇

아름다움은 한 사람의 미소, 노을이 물드는 하늘, 작은 꽃이 피어난 순간처럼 우리의 마음속에서 우러나오는 감정과 세상을 바라보는 방식에서 피어납니다.

아름다움은 시간이 지나면서 더욱 진해집니다. 사랑했던 사람과 함께한 추억, 나이가 들어가며 쌓이는 경험 속에서 발견하는 아름다움은 세월이 흘러도 사라지지 않습니다. 그것은 어떤 순간이나 감정에서 나온 것이 아니라, 그 모든 시간을 함께한 사람과의 연결에서 비롯된 깊고 넓은 아름다움입니다. 세월이 흐를수록 깊어지는 감정과, 온기가 진정한 아름다움을 이루는 것이지요.

아름다움은 불완전함 속에서도 발견됩니다. 사실 불완전한 존재들이 만들어내는 아름다움은 그 무엇보다 더 진실하고 특별합니다. 상처가 있는 마음, 실수와 실패 속에서도 웃음을 찾고 다시 일어서는 그 모습이야말로 진정한 아름다움입니다. 삶은 그 자체로 아름다움이 가득한 여행이며, 우리는 그 속에서 매일매일 새로운 아름다움을 발견합니다.

mar 26th

 흰앵초 Primrose - 첫사랑

첫사랑은 언제나 기억 속에 가장 특별한 자리에서 남는다. 에리히 프롬

◇◇◇◇◇◇

첫사랑은 언제나 특별합니다. 마음속 깊은 곳에 자리 잡고, 그 기억은 시간과 공간을 초월해 선명히 떠오릅니다. 순수하고 떨리는 감정, 말로 표현하기 어려운 설렘이 가득했던 그 순간들은 누구에게나 소중한 추억으로 남아 있을 것입니다.

처음 만난 그 사람이 왜 그렇게도 특별했을까요.

처음 느껴보는 감정에 가슴이 뛰고, 한마디도 쉽게 내뱉을 수 없었던 어색한 순간들이 떠오릅니다. 말 한마디 없이도 서로의 마음을 알 수 있을 것 같았던 그때, 말로 다 표현할 수 없는 묘한 감정. 그 사람의 웃음, 눈빛, 작은 손짓 하나하나가 마음속 깊이 선명하게 새겨져 있습니다.

mar 27th

 칼세올라리아 Calceolaria - 도움

사람을 돕는 것만큼 큰 기쁨은 없다. 로버트 인거 솔로몬

◇◇◇◇◇◇

누구나 힘든 순간을 겪으며 살아갑니다. 때로는 말 한마디, 따뜻한 미소 또는 단순히 누군가의 곁에 있어 주는 것만으로도 큰 도움이 됩니다. 누군가에게 도움을 받는 것은 자존감을 낮추거나, 약해지는 것이 아닙니다. 인간으로서의 자연스러운 소통입니다. 혼자서는 모든 것을 해결할 수 없습니다. 도움은 우리가 타인과의 관계에서 신뢰를 쌓는 중요한 수단입니다. 우리가 살고 있는 사회에서 도움은 공동체를 더욱 끈끈하게 만드는 중요한 요소입니다. 서로 돕고 의지하며 살아갈 때 더 나은 세상, 더 따뜻한 사회가 될테니까요.

mar 28th

 꽃아카시아나무 Robinia hispida - 품위

품위 있는 사람은 말이 아니라 행동으로 자신을 증명한다. 헨리 워드 비처

◇◇◇◇◇◇

품위는 외적인 것과 내적인 것이 조화를 이루는 상태를 말합니다. 그것은 단순히 고상하고 우아한 외모나 행동을 넘어서 내면의 강인함과 인격에서 비롯되는 깊은 아름다움입니다. 품위 있는 사람은 자신을 꾸미지 않아도 마음가짐에서 자연스럽게 묻어납니다. 또한 마음의 여유가 있어 격앙된 감정에 휘둘리지 않고 차분히 상황을 바라보며, 올바른 판단을 내립니다.

품위 있는 사람은 자신보다 약자나 힘이 없는 사람들에게 동등한 존중을 보냅니다. 권력이나 지위에 의지하지 않고, 사람을 그 자체로 존중하며 대합니다. 평생을 통해 지속적으로 쌓여 가는 삶의 방식입니다. 나 자신을 사랑하고, 타인을 존중하는 마음에서부터 시작되는 태도입니다.

mar 29th

 우엉 Arctium - 괴롭히지 말아요

괴롭힘을 멈추게 하는 가장 큰 방법은, 그것을 목격한 사람들이 침묵하지 않는 것이다.
다이앤 애버슨

◇◇◇◇◇◇

누군가를 괴롭히는 사람은 자신이 상처를 주고 있다는 사실을 깨닫지 못할 때가 많습니다. 아무렇지 않게 말을 던지거나, 사소한 행동이 상대방에게는 큰 고통이 될 수 있다는 것을 인식하지 못합니다. 괴롭힘은 물리적인 폭력이나 심리적인 압박만을 의미하지 않습니다. 말 한마디, 눈빛, 행동 하나하나가 괴롭힘이 될 수 있습니다. 그래서 말과 행동에 신중해야 합니다.

괴롭힘을 당하는 사람은 그것을 표현하기 어렵습니다. 외부에서 보기에 아무렇지 않은 것처럼 보일지라도, 그들은 그 상처 속에서 고통을 겪습니다. 고통은 쌓이고 쌓여, 그 사람의 삶을 뒤흔들어 놓습니다.

괴롭히지 말아요. 이 말에는 많은 의미가 담겨 있습니다. 누군가의 고통을 이해하고, 그들이 겪는 어려움을 함께 나누자는 요청이기 때문입니다. 서로를 존중하며, 함께 웃을 수 있는 세상을 만들어 가야 하지 않을까요.

mar 30th

 금작화 Cytisus scoparius - 청초

청초함은 자연스러움에서 나오며, 꾸밈없는 아름다움이 진정한 매력이다. 헨리 데이빗 소로

◇◇◇◇◇◇

청초한 아름다움은 자신이 가지고 있는 본연의 모습을 자연스럽게 드러내는 사람에게서 찾을 수 있습니다. 화려하지 않지만, 순수한 미소와 맑은 눈빛에서 느껴지는 매력입니다. 마음에서 우러나오는 진심과 순수함이 그 속에 담겨 있습니다.

mar 31st

 흑종초 Nigella Damascena - 꿈길의 애정

사랑은 꿈속에서도 찾아오며, 그 사랑은 현실에서도 우리를 이끌어 준다. 아나이스 닌

◇◇◇◇◇◇

꿈길은 언제나 현실과 다른 곳에 놓여 있는, 마치 눈에 보이지 않는 길처럼 느껴집니다. 그 길은 우리가 매일 걸어가는 일상의 길과는 다른, 어딘가 멀고 신비로운 곳으로 이어지는 듯합니다. 그래서 꿈속에서 걷는 그 길에는 현실에서 잃어버린 감정들이 담겨 있는지 모릅니다.

꽃피는 희망의 달
The Month of Blossoming Hope

Apr 1st

 아몬드 Almond - 진실한 사랑

사랑은 두 사람이 서로를 바라보는 것이 아니라, 함께 같은 방향을 바라보는 것이다.

앙투안 드 생텍쥐페리

◇◇◇◇◇◇

이해와 존중을 바탕으로 가장 어려운 순간에도 서로를 지켜주는 마음입니다. 시간이 흐를수록 이 사랑은 그 깊이가 더해집니다. 서로의 꿈과 목표를 응원하며 함께 걸어갑니다. 사랑하는 관계를 넘어서, 서로에게 가장 든든한 지원군이자 삶의 동반자입니다.

때로는 서로를 위해 자신의 편안함을 포기하거나, 어려운 결정을 내려야 할 때가 있습니다. 그것은 상대방에 대한 진심 어린 배려에서 나오는 선택입니다. 서로에게 가장 중요한 존재임을 느끼고 인생을 함께 나아갈 수 있는 진실한 사랑이기 때문입니다.

Apr 2nd

 아네모네 Wind Flower - 기대

부정적인 기대는 생각을 막다른 골목으로 이끄는 지름길이다. 존 맥스웰

기대는 희망과 연결되어 있습니다. 내일을 믿고, 그 안에서 무엇인가 좋은 일이 일어나기를 바라는 마음입니다. 하지만 마음에 품은 기대가 모두 현실이 되지는 않습니다. 그러나 그것 또한 삶의 일부입니다. 중요한 것은 기대가 실망으로 끝났을 때, 그 실망을 극복하는 힘을 키워가는 것입니다. 기대가 실현되지 않았다고 해서 그 꿈이 불가능한 것은 아니니까요.

가능성을 향한 작은 기대들이 모여 우리의 삶을 더욱 의미 있게 만듭니다. 끝없이 꿈을 꾸고, 나아가려는 마음을 잃지 말아야 합니다.

Apr 3rd

나팔수선화 Daffodil - 존경

존경은 인간으로서 우리가 더 나은 존재로 성장하는 일입니다. 미셸 오바마

◇◇◇◇◇◇

누군가를 존경한다는 것은 그 사람의 삶의 방식, 가치관, 그가 겪어온 경험을 이해하고 받아들이는 것입니다. 결코 그 사람을 이상화하거나 과장하는 것이 아닙니다. 오히려 그 사람의 약점과 부족함까지도 포용하면서, 그 사람이 살아온 방식에서 느껴지는 진정성에 대해 존경을 표하는 것입니다. 그 사람의 모든 것을 수용하고, 그가 이룬 것들뿐만 아니라 그가 겪은 어려움과 고난도 함께 이해하려는 것입니다. 존경은 진심으로 타인을 인정하고, 그들의 존재를 고백하는 아름다운 마음의 표현입니다.

Apr 4th

 빨강 아네모네 Wind Flower - 그대를 사랑해

이 삶에는 오직 하나의 행복이 있다. 그것은 사랑하고 사랑받는 것이다. 조지 샌드

그대를 처음 만났을 때, 모든 것이 새롭고 두려웠습니다. 어떻게 말을 꺼내야 할지, 내 마음을 어떻게 표현해야 할지. 하지만 그대의 눈빛, 그대의 미소, 그대의 한마디가 나를 조금씩 변화시킵니다. 그대와의 시간이 쌓여갈수록, 그 감정은 내 삶의 일부분이 되어갔습니다.

그대를 사랑해. 이 말은 그대의 모든 것을 받아들이겠다는 약속이며, 그대가 나와 함께하는 이 순간을 소중히 여기겠다는 다짐입니다. 그대가 웃으면 나도 행복하고, 그대가 아프면 나도 아픕니다. 그것이 사랑이 주는 힘입니다. 내가 먼저 손을 내밀고, 그대가 기뻐하는 모습을 보면 나 또한 기쁨을 느낍니다. 그대와 함께하는 일상은 감사와 행복으로 가득한 시간입니다.

Apr 5th

 무화과나무 Fig-Tree - 풍부

마음이 부유한 사람은 어떤 상황에서도 풍요를 발견한다. 에픽테토스

◇◇◇◇◇◇

마음이 풍부한 사람은 자신이 가진 것에 만족하고, 그것을 기꺼이 나눌 줄 아는 사람입니다. 마음과 정신이 넉넉한 사람입니다. 사랑을 나누고, 기쁨을 나누고, 슬픔조차도 함께 나누는 법을 알고 있습니다. 그의 눈빛에는 이해가 담겨 있고, 그의 말에는 위로가 스며 있습니다. 그의 곁에서는 언제나 마음이 편안해집니다.

자신의 생각만을 고집하지 않고, 타인의 말에 귀 기울이는 사람. 시간이 흐르는 대로, 삶이 흘러가는 대로 그것을 받아들이는 여유를 가진 사람. 작은 것에도 감사하고, 있는 그대로의 삶을 사랑할 줄 아는 사람입니다.

Apr 6th

 아도니스 Adonis - 영원한 행복

가장 행복한 사람은 다른 사람을 행복하게 하는 사람이다. 플레밍 로즈

영원한 행복이란 무엇일까요.

행복은 우리가 살아가는 동안 끊임없이 변하고, 각자의 방식으로 다가옵니다. 가족과의 시간 속에서, 어떤 이는 자신만의 평온한 일상에서 발견합니다. 행복은 고정된 상태가 아니며, 각자 다른 형태로 존재합니다. 그렇다면, 영원한 행복이란 어떤 상태일까요.

사실 영원한 행복은 우리가 추구하는 어떤 순간을 기다리는 것보다는, '지금 이 순간'에 집중하는 것입니다. 현재에 감사하며 내가 가진 것들 속에서 진정한 기쁨을 찾는 것, 그것이 영원한 행복으로 이어질 수 있지 않을까요. 내면의 평화와 만족이 진정한 행복을 이루는 열쇠일 수 있습니다. 행복은 완벽한 상태가 아니라, 불완전한 삶을 온전히 받아들이는 데서 생겨나는 것인지도 모릅니다.

Apr 7th

 공작고사리 Adiantum - 신명

진심으로 즐기는 행복 그 자체가 신명이다. 미상

◇◇◇◇◇◇

아무리 힘든 일을 하고 있더라도 그 일이 내가 좋아하는 일이거나 진심으로 몰입할 수 있는 일이라면 신명이 느껴집니다. 신명은 다른 사람들과의 관계 속에서도 찾을 수 있습니다. 사랑하는 사람과 함께할 때, 혹은 함께 무언가를 만들어갈 때입니다. 혼자 있을 때보다 더 큰 신명을 느끼는 것은 타인과의 교감을 통해 서로에게 긍정적인 에너지를 주고받기 때문입니다. 예술이나 공연, 춤과 같은 활동에서도 신명은 중요한 역할을 합니다. 예술가가 무대 위에서 그의 감정을 진심으로 표현하고, 관객이 그 감정을 함께 느낄 때 신명 넘치는 순간은 만들어지니까요.

Apr 8th

 금작화 Broom - 박애

가장 행복한 사람은 다른 사람을 행복하게 하는 사람이다. 플레밍 로즈

박애는 공동체와 사회에 대한 깊은 책임감을 바탕으로 존재합니다. 박애를 실천한다는 것은, 우리가 속한 사회와 그 사회에서 겪는 고통과 아픔에 대해 무관심하지 않다는 의미입니다. 내가 겪지 않았어도 그 어려움을 함께 나누려는 마음에서 박애가 실현되니까요.

테레사 수녀 탄생 114주년. 평생을 버림받은 사람과 함께한 성녀 테레사 수녀는 가난한 사람 중에서도 가장 가난한 사람과 함께한 위대한 사람입니다. 아무도 돌보지 않는 사람들을 사랑하고 그들에게 봉사했습니다. 죽어가는 사람을 위해서 편안히 마지막 순간을 맞이할 수 있도록 도왔습니다. 많은 사람에게 희망이 되는 분이었습니다. 더 많은 사람을 도울 생각만 하며 살아간 그녀는 그 공로를 인정받아 1979년 노벨평화상을 수상했습니다. 세상을 떠났을 때, 낡은 무명옷 두 벌과 십자가만 남긴 테레사 수녀의 사랑은 지금도 많은 사람을 어루만지며 기적으로 표현되고 있습니다.

Apr 9th

 벚꽃 Cherry - 정신미

삶은 단 한 번뿐입니다. 최대한 살아보세요. 엘리노어 루즈벨트

◇◇◇◇◇◇

인생과 벚꽃은 비슷한 점이 많습니다. 둘 다 짧고, 예고 없이 찾아오며, 그 아름다움을 온전히 누릴 시간도 잠시 지나가는 것처럼 느껴집니다. 벚꽃이 피어날 때 우리는 그 찰나의 아름다움에 마음을 뺏깁니다. 벚꽃은 덧없음을 아름답게 담고 있습니다. 떨어지는 벚꽃잎 하나하나가 세상의 변화와 흐름을 상징하는 것처럼, 인생도 늘 변하고 늘 새로움을 맞이합니다.

어느 날, 벚꽃이 피었던 자리를 지나가며 그때를 추억할 수 있듯이, 우리의 삶도 지나간 시간 속에서 그 의미를 되새기게 되겠지요. 인생은 아름다움과 함께 슬픔을 동반하는 짧은 순간들이 쌓여가는 여정이니까요.

Apr 10th

 빙카 Periwinkle - 즐거운 추억

추억은 미소와 눈물 사이에 서 있다. 어나톨 프랑스

◇◇◇◇◇◇

우리는 많은 사람들과 많은 일을 겪습니다. 어떤 것들은 일시적인 기쁨에 불과하고, 어떤 것들은 쉽게 잊힙니다. 그러나 진심으로 즐기고 행복했던 순간들은 지워지지 않습니다. 그리고 그 순간들은 마음 안에 추억으로 남아 위로와 살아갈 힘을 줍니다. 그 기억 속에서 언제나 웃을 수 있고, 다시 일어설 수 있는 용기를 얻습니다. 즐거운 추억을 만드는 일은 삶을 풍성하고 행복하게 만듭니다.

Apr 11th

 꽃고비 Polemonium coeruleum - 와 주세요

그리움이 나를 밀고 간다. 헤르만 헤세

◇◇◇◇◇◇

때로 무겁고 답답한 삶의 짐을 다른 사람과 함께 나누고 싶을 때가 있습니다. 와 주세요. 이 말에는 내가 지금 필요로 하는 건 당신이라는 마음이 담겨 있습니다. 당신이 내게 와 준다면, 그 순간만큼은 모든 것이 괜찮아질 것 같다는.

사랑하는 사람에게, 친구에게, 가족에게 이 말을 건넬 때 그들을 향한 마음을 가득 담습니다. 그 사람이 나에게 오면, 함께하는 시간을 통해 서로의 마음을 더 가까이 느낄 수 있습니다. 때로는 말로 다 표현할 수 없는 감정이 그저 말 한마디에 묻어납니다. 그 사람의 존재가 나에게 큰 의미가 되고, 그 사람 곁에 있을 때만큼은 세상이 온전히 나와 그 사람의 것처럼 느껴질 테니까요.

Apr 12th

 ## 복사꽃 Peach - 사랑의 노래

사랑은 생명의 음악이며, 하늘의 노래입니다. 필립 제임스 베일리

◇◇◇◇◇◇

서해는 붉은 등을 켜고 저녁을 늦추고 있었지. 식은 소주잔을 든 아버지와 말없이 마주 앉은 식탁엔 조용한 바람이 불었어. 그날의 바다는 오래된 편지처럼 조심스레 접힌 가장자리마다 세월의 무늬가 배어 있었지.

바닷물이 스며드는 시간, 차오르는 침묵 속에서 멀리 수평선을 향해 기울어진 한 사람의 등을 바라보았어. 오래 견뎌온 어깨를, 말없이 흘려보낸 날들을. 살아온 생을 접으며 남기고 가는 슬픈 이정표를.

그날 새벽이었어. 썰물은 허망한 꿈처럼 조용히 떠나갔고 모래는 자신의 발자국을 지웠지. 작별의 인사를 들은 것 같기도 해. 슬픔이란, 지워진 자리에서 자라나는 것. 나는 여전히 그날의 해안선을 따라 걷고 있고 아버지가 남기고 간, 말 없는 말들은 물비늘의 무늬로 번지고 있으니.

잊힌 것들이 다시 돌아오는 밀물의 시간이야.

-아버지를 기억하며,「밀물의 말」 작사 강미애

Apr 13th

 페르시아 국화 Chrysanthemum segetum - 경쟁심

경쟁에서 이기는 유일한 방법은 경쟁을 중단하는 것이다. 피터 티엘

◇◇◇◇◇◇

경쟁심의 긍정적인 측면은 더 나은 자신이 되기 위한 동기부여가 된다는 점입니다. 직장에서 동료들이 뛰어난 성과를 내면 더 열심히 해야겠다고 다짐합니다. 스포츠에서도 상대 선수의 뛰어난 기량을 보면 그 수준에 도달하고 싶어 훈련에 더 매진하게 되죠. 경쟁은 우리를 자극하고, 자신을 발전시킵니다.

하지만 경쟁심이 지나치면 다른 사람을 넘어서기 위한 강박으로 변질될 수 있고, 자신보다 더 높은 위치에 있는 사람들을 끊임없이 비교하며 불안과 스트레스에 시달립니다. 더 큰 문제는 인간관계에 악영향을 미친다는 것입니다. 협력보다 경쟁을 우선시하게 되어, 상대를 적으로 여기거나 타인을 배제하려는 태도를 보이니까요.

경쟁은 승리만을 위한 것이 아니라, 더 나은 자신을 만들기 위한 과정입니다.

Apr 14th

 흰나팔꽃 Morning-Glory - 넘치는 기쁨

기쁨은 모든 순간에서 찾을 수 있다. 단지 우리가 주목하는 것에 달렸다. 마샬 로저스

◇◇◇◇◇◇

넘치는 기쁨은 특별한 순간에 찾아옵니다. 오랜 기다림 끝에 이루어진 꿈이나 목표의 성취, 사랑하는 사람과의 재회, 혹은 예기치 않게 찾아온 행복한 소식입니다. 그 순간 우리는 터져 나오는 감정을 다 담을 수 없어, 웃음이 나오고 눈시울을 적십니다.

그 기쁨은 작고 소소한 순간에도 일어납니다. 친구와 함께 웃으며 나누는 대화, 길을 걷다 우연히 마주친 아름다운 풍경, 혹은 따뜻한 커피 한잔에 느껴지는 작은 위로처럼 작은 행복들이 모여 큰 기쁨으로 변합니다. 기쁨은 크고 특별한 일이 아니라, 우리가 사는 일상의 순간에 깃들어 있습니다.

Apr 15th

 펜 오키드 Fan Orchid - 훌륭함

훌륭한 힘은 우연히 존재하지 않는다. 그것은 헌신과 노력의 결과이다.

아리스토텔레스

◇◇◇◇◇◇

세상이 정의하는 훌륭함은 대부분 눈에 보이는 성과나 결과에 따라 판단됩니다. 우리는 유명한 사람이나 역사 속의 위대한 인물을 떠올리며 그들의 뛰어난 업적에 감탄하곤 합니다. 훌륭함은 그런 눈에 띄는 성과를 넘어, 우리의 일상에서도 찾을 수 있습니다. 작은 일에서의 성실함, 어려운 상황에서의 품위 있는 태도 그리고 타인을 배려하는 마음가짐은 그 무엇보다 중요한 훌륭함의 본질이 아닐까요.

Apr 16th

 튤립 Tulipa - 아름다운 노동자

모든 것이 가치 있는 것입니다. 당신이 하는 일에 모두 있습니다. 존웨인

◇◇◇◇◇◇

자신이 하는 일에 대한 깊은 자부심을 가지고 있는, 그 일 자체가 누군가에게 필요한 가치임을 이해합니다. 어떤 일이든 최선을 다하며, 그 과정에서 얻는 보람을 소중히 여깁니다. 매일 반복되는 일상에서도 일에 대한 의미를 발견하려고 노력합니다.

세상을 변화시키고 있는 그들은 아름다운 노동자입니다. 그들의 눈빛과 손길은 우리가 살아가는 사회의 뿌리를 이루고 있으며, 그들의 노동은 우리가 살아가는 데 필요한 모든 것들을 가능하게 만드니까요.

Apr 17th

 독일창포 German Iris - 멋진 결혼

결혼은 어떤 나침반도 일찍이 항로를 발견한 적 없는 거친 바다다. 하이네

◇◇◇◇◇◇

결혼은 서로 다른 두 사람이 삶을 함께 살아가는 과정입니다. 각자의 배경, 성격, 가치관이 다를 수 있어서 작은 차이로 갈등이 생기기도 합니다. 하지만 서로 다른 점을 인정하고 그것이 두 사람을 더욱 특별하게 만든다는 사실을 이해할 때, 결혼은 더욱 의미 있는 관계로 발전할 수 있습니다.

행복한 결혼 생활은 두 사람이 함께 시간을 보내는 것만으로 이루어지지 않습니다. 서로의 꿈을 지지하고, 함께 성장할 수 있는 환경을 만드는 것이지요. 서로 동반자가 되어, 배우자가 어려운 길을 걸을 때 그 길을 함께 걸으며 서로의 성공을 진심으로 기뻐하고 격려하는 것이 멋진 결혼의 모습이 아닐까요.

Apr 18th

 자운영 Astragalus - 감화

가장 아름다운 현상은 마음으로 느끼는 것이다. 마하트마 간디

◇◇◇◇◇◇

감화感化란, 누군가의 마음이나 행동에 깊은 영향을 미쳐, 그 사람의 생각이나 삶의 방식에 변화를 일으키는 것을 의미합니다. 이는 설득이나 강요가 아니라, 어떤 존재나 행동이 자연스럽게 상대방의 내면에 영향을 주어, 그 사람의 삶에 변화를 일으키는 과정입니다.

감화는 그 사람의 마음을 여는 열쇠가 되어야만 그 효과를 발휘할 수 있습니다. 강제로 바꾸려고 하면 반발을 일으킬 수 있지만, 자연스럽고 진심 어린 모습으로 다가가면 상대방은 그 영향을 마음 깊이 받아들입니다. 특히 부모가 자녀에게 미치는 감화는 삶에 많은 영향을 미칩니다. 사랑과 헌신 그리고 생활 속에서의 모습은 자녀들에게 본받을 만한 모습으로 다가가며, 그들의 사고방식과 가치관을 형성하는 데 큰 영향을 주니까요. 감화는 우리가 가진 진심과 마음의 깊이가 만들어내는 것입니다.

Apr 19th

 참제비고깔 Larkspur - 청명

청명하고 맑은 당신의 정감 어린 사랑의 마음. 미상

◇◇◇◇◇◇

푸르고 맑은 하늘을 바라보면 마음속 깊은 곳까지 시원하게 풀리는 기분이 듭니다. 마치 생각과 감정이 정리되는 듯한 느낌을 주지요. 그래서 이런 청명한 날, 우리는 잠시 일상에서 벗어나 마음을 정리하고 차분하게 자기 자신을 돌아볼 수 있는 여유를 갖습니다. 언제나 청명한 날을 꿈꾸지만, 그것은 우리가 만들어가는 삶의 질에 대한 물음이기도 합니다.

Apr 20th

 배나무 Pear - 온화한 애정

사랑받고 싶다면 사랑하라. 그리고 사랑스럽게 행동하라. 벤자민 프랭클린

따뜻하고 부드러운 사랑은 조용히 상대방에게 깊은 영향을 미칩니다. 때로는 말없이 전달되기도 하고, 작은 손길이나 미소에서 느껴지기도 합니다. 그것은 안정적이고 지속적인 사랑이며, 서로를 깊이 이해하고 배려하는 마음에서 우러나옵니다.

상대가 지치고 힘든 날, 그저 곁에서 지켜보며 따뜻한 말 한마디를 건넨다거나 아무런 기대 없이 그냥 함께 있는 것만으로도 큰 위로가 될 수 있습니다. 이 마음은 상대방의 속도에 맞춰 흐르고, 그 사람의 감정과 상황을 존중하며 다가갑니다. 상대방의 행복을 온전히 바라는 마음, 흔들리지 않고 꾸준히 지속되는 사랑입니다.

Apr 21st

 수양버들 Weeping Willow - 내 가슴의 슬픔

슬픔은 시간의 날개를 타고 날아간다. 장드라퐁텐

◇◇◇◇◇◇

아무 일 없는 듯 여전히 세상은 돌아가고, 사람들의 일상도 계속되고 있습니다. 하지만 슬픔은 내 생각 속에 깊숙이 파고들어 나를 괴롭히며 내 안에서 살아갑니다. 내 안의 슬픔, 그것은 나만이 느낄 수 있는 고요한 슬픔입니다.

슬픔은 시간이 지나도 여전히 그 자리에 있습니다. 그럴 때마다 깨닫습니다. 슬픔이란 단지 지나가는 감정이 아니라 삶의 일부임을. 그것은 나를 더 강하게 만들기도 하고, 때로는 부서지게도 만든다는 것을. 내 삶을 더 진실하고 깊이 있게 만들어가는 과정임을.

Apr 22nd

 ## 과꽃 China Aster - 믿음직한 사랑

중요한 것은 사랑을 받는 것이 아니라 사랑을 하는 것이었다. 윌리엄 서머셋 모옴

◇◇◇◇◇◇

이 사랑은 말보다 행동으로 증명됩니다. 시간이 흐르고 상황이 바뀌어도, 변함없이 자리를 지킵니다. 상대방이 실수하거나 어쩔 수 없는 상황이더라도, 변하지 않고 여전히 그 자리에 있습니다. 불확실하고 변덕스러운 세상 속에서, 믿음직한 사랑은 한 번 마음을 준 이에게 끝까지 책임지고 지켜주는 힘을 가지고 있습니다. 사랑하는 사람의 결점을 받아들이고, 그것이 그 사람의 일부라는 것을 이해하며 사랑하는 것입니다.

이 사랑은 서로의 꿈과 희망을 나누며, 함께 성장합니다. 각자의 길을 가면서도, 서로에게 의지가 되어주며 나아갑니다. 상대방의 꿈을 존중하고, 묵묵히 지켜주고 응원하는 것입니다. 서로 다르게 생각할 수 있다는 것을 인정하고, 배려하며 이해하려는 믿음직한 사랑입니다.

Apr 23rd

 도라지 Balloon Flower - 상냥하고 따뜻함

상냥함은 큰 소리 없이도 마음을 전하는 전령사. 미상

◇◇◇◇◇◇

상냥함은 단순한 예의가 아니라, 마음에서 우러나오는 진심입니다. 말투나 태도에서 그 사람의 따뜻한 마음이 스며듭니다. 하루의 끝에서 힘든 하루를 마친 사람에게 건넨 따뜻한 말 한마디는 잔잔한 위로가 됩니다.

마음의 온기는 감정의 따뜻함입니다. 누군가에게 사랑과 관심을 나누는 순간, 그 사랑이 우리에게 돌아온다는 것을 아시는지요. 이 마음은 사람과 사람을 잇는 다리가 되어 지나가는 인연마다 따뜻함을 나누며, 세상에 조금씩 온기를 더해 갑니다. 세상이 차갑고 어려워 보일 때, 상냥한 사람의 미소와 따뜻한 말 한마디는 커다란 위로가 될 것입니다.

Apr 24th

 제라늄 Geranium - 결심

큰 꿈을 이루려면 먼저 작은 결심부터 시작해야 합니다. 앤

◇◇◇◇◇◇

새로운 도전 앞에서 우리는 불확실함과 두려움에 망설입니다. 그 길이 쉽지 않다는 것을 알기에 머뭇거립니다. 그러나 바로 그 순간, 결심은 자신을 믿고 그 길을 가기로 마음먹는 것입니다. 많은 고민과 망설임의 시간이 있지만, 일단 결심이 서면 한 걸음 한 걸음 밀어붙이는 힘이 생깁니다.

그 결심이 이루어지기까지의 과정에서 우리는 성장하고 변화합니다. 목표에 도달하는 순간만큼 중요한 것은, 그 과정에서 얻은 경험과 깨달음입니다. 결심을 내리고 그 길을 걷는 동안 자신의 한계를 넘어서고, 새로운 가능성을 발견하게 될 테니까요.

결심은 한 번 마음 먹는다고 해서 끝나는 것이 아닙니다. 꾸준히 노력하고 실천하는 과정이 필요합니다. 매일의 작은 선택들이 그 결심을 이루기 위한 중요한 발걸음입니다.

Apr 25th

 중국 패모 Fritillaria thunbergii - 위엄

위엄은 다른 사람을 압도하는 힘이 아니라, 자신을 믿는 힘이다. 미상

◇◇◇◇◇◇

위엄은 외적인 모습이나 권위에서 나오는 것이 아닙니다. 그것은 내면에서 우러나오는 존재감이며, 자연스럽게 드러나는 품격입니다. 고상한 태도와 침착함을 바탕으로 한 강한 내면의 힘입니다. 위엄을 가진 사람은 결코 소리 높여 자신을 드러내지 않습니다. 그의 존재만으로도 강렬한 인상을 남기고, 다른 사람들에게 깊은 신뢰를 불러일으킵니다.

자신의 가치를 인식하는 사람은 자연스럽게 위엄을 발산합니다. 자신이 무엇을 할 수 있는지, 자신이 무엇을 이루어왔는지에 대해 확고한 믿음을 가지고 있기 때문에, 외부의 평가나 비판에 휘둘리지 않습니다. 그저 묵묵히 자신의 길을 걸어갈 뿐입니다. 감정에 휘둘리지 않고, 어떠한 상황에서도 침착하게 상황에 대처하는 능력은 위엄의 핵심입니다.

Apr 26th

 논냉이 Cardamine lyrata - 불타는 애정

사랑에 의해 행해지는 것은 언제나 선악을 초월한다. 프레드리히 니체

◇◇◇◇◇◇

불타는 애정은 뜨겁고, 때로는 제어할 수 없습니다. 그것은 강렬하고, 혼란스러울 만큼 뜨겁습니다. 불꽃처럼 타오르는 감정은 우리를 사로잡고 그 순간을 위해 모든 것을 쏟아붓게 만듭니다.

사랑의 시작은 종종 이렇게 격렬합니다. 서로의 눈빛만으로도 심장이 뛰고, 말 한마디에 세상이 달라 보입니다. 상대방의 모든 것이 새롭고, 매 순간이 특별한 순간처럼 느껴집니다. 그러나 이러한 사랑은 때로 불안정하거나 돌이킬 수 없는 갈등을 동반하기도 합니다. 사랑의 깊이가 커질수록 그만큼 두 사람의 갈망도 커지기 때문입니다.

Apr 27th

 수련 Water Lily - 청순한 마음

세상의 어떤 어둠에서도 빛을 발하는 작은 별과 같은 마음. 미상

◇◇◇◇◇◇

세속적인 욕망이나 탐욕에 흔들리지 않고, 언제나 진실하고 순수한 본성을 간직하려는 마음입니다. 어린아이처럼 깨끗하고 선함에 가득 차 있으며, 세상을 바라보는 눈도 맑고 투명합니다. 세상의 모든 속박에서 벗어나 순수한 본질 그대로를 유지하는 것, 그것이 바로 청순한 마음의 아름다움입니다. 겉치레나 위선 없이 그저 자신의 마음을 그대로 표현하는 것, 그런 이에게서 사람들은 순수한 아름다움을 느낍니다. 청순한 마음은 세상의 복잡함 속에서 순수함을 잃지 않으려는 노력입니다.

Apr 28th

 빨간 앵초 Primrose - 비할 바 없는 아름다움

그 어떤 것과도 같을 수 없는 아름다움은, 진실한 마음에서 비롯됩니다. 미상

◇◇◇◇◇◇

세상의 모든 아름다움은 각자 고유의 가치를 지니고 있습니다.
그 아름다움은 자연에서도 찾을 수 있습니다. 눈부신 태양, 고요한 호수, 푸르른 숲과 산은 우리가 무엇을 말하든, 어떤 행동을 하든 그대로 아름다움을 품고 있습니다. 사람의 손길을 떠나, 스스로 존재하는 아름다움입니다.

Apr 29th

 동백나무 Camellia - 매력

가장 자극적인 매력은 결코 만나지 않는 양극 간에 존재한다. 앤디 워홀

◇◇◇◇◇◇

매력은 사람마다 다릅니다. 어떤 사람은 유머 감각과 밝은 에너지로 사람들을 끌어들이고, 또 어떤 사람은 조용하고 차분한 매력으로 주변을 편안하게 만듭니다. 진지한 말 한마디가 깊은 울림을 주기도 하고, 작은 손짓이나 미소가 세상을 바꿀 만큼 큰 영향을 미치기도 합니다. 다른 사람을 존중하는 태도는 매력을 더욱 돋보이게 합니다. 진정으로 상대를 배려하고 그들의 이야기를 경청하며, 공감하는 능력은 사람을 끌어들이는 가장 큰 매력입니다. 우리가 흔히 말하는, 사람을 끌어당기는 힘은 이러한 이해와 배려에서 나옵니다.

Apr 30th

 금사슬나무 Golden Chain - 슬픈 아름다움

슬픔과 아름다움은 함께 존재한다. 하나 없이는 다른 하나도 할 수 없다. 카를로스 루이스 사폰

◇◇◇◇◇◇

과거의 시간이 물러나고 그 자리에 아련한 기억만이 남을 때, 우리는 그 기억 속에서 의도치 않게 아름다움을 발견합니다. 떠난 사람이나 지나간 순간들이 다시 돌아올 수 없다는 것을 알지만, 그 상실의 아픔 속에서도 여전히 그들의 사랑과 따뜻함이 마음 한편에 살아있는 것을 느끼니까요. 그리움은 슬픔 속에 감춰진 아름다움이 되고, 그 아름다움은 과거와의 연결을 끊어지지 않도록 해줍니다. 어쩌면, 그것이 슬픈 아름다움이 주는 진정한 의미일지도 모릅니다.

감사와 풍요의 달
The Month of Gratitude and Abundance

may 1th

 카우슬립 앵초 Cowslip - 젊은 날의 슬픔

젊은 날의 슬픔은 후회로 남기도 하지만, 그 후에 오는 더 큰 기쁨을 위한 준비일 수도 있습니다. 루이사 메이 올컷

◇◇◇◇◇◇

젊은 날, 그때의 우리는 세상의 끝을 볼 수 있을 것 같았습니다. 삶이 펼쳐진 모든 가능성 속에서 한계를 가늠할 수 없고 미래는 희망으로 가득 차 있습니다. 그 시절의 슬픔은 예상치 못한 곳에서 다가옵니다. 그것은 사랑의 아픔일 수도 있고, 꿈을 좇다가 부딪히는 좌절일 수도 있습니다. 또는 자신의 정체성에 대한 혼란 속에서 느끼는 허전함일 수도 있습니다. 하지만 젊은 날에 겪는 이 슬픔은 내가 누군가로, 또는 무언가로 성장하기 위한 작은 성장통입니다. 청춘의 슬픔은 우리를 더 깊고 넓은 사람으로 만들어 줍니다.

may 2nd

 미나리아재비 Butter Cup - 천진난만

어린이들은 무한한 상상력을 가진 예술가들이다. 피카소

◇◇◇◇◇◇

동화 『피터팬』의 세상, 네버랜드에 간 아이들은 늙지 않습니다.

사회 유년화는 요즘 특정한 일부 집단의 취향이 아닌, 남녀노소를 불문한 사고방식이자 생활양식으로 자리 잡고 있습니다. 네버랜드 신드롬의 근본적인 원인은 기대수명의 증가입니다. 수명의 증가는 곧 청춘의 범위를 확대하는 결과를 낳았으며, 이는 지금까지 우리가 당연한 것으로 여겨왔던 어른들의 전형적인 틀을 빠르게 허물어뜨리고 있습니다.

사회의 유년화가 성인의 미숙함을 가속화시키고 있다는 비판도 분명히 존재합니다. 어차피 우리 사회가 이 방향으로 나아가고 있다면 긍정적인 면을 인정하는 것도 좋지 않을까요. 네버랜드 신드롬은 어른으로서 감당해야 할 삶의 무게를 조금이나마 덜어주는 데에 도움이 되고 있으니까요.

may 3rd

 민들레 Dandelion - 신탁

신탁은 운명에 대한 경고이며, 어떻게 받아들이는지에 따라 우리의 미래가 옵니다. 미상

◇◇◇◇◇◇

고대 그리스의 델포이 신탁神託은 매우 유명합니다. 그곳에서는 제우스의 신탁을 받기 위해 많은 이들이 모였고, 그 신탁의 뜻을 해석하는 제사장들은 마치 신의 목소리를 대신 전하는 존재처럼 여겨졌습니다. 신탁은 명확한 답을 주지 않으며, 수수께끼처럼 모호한 언어로 표현됩니다. 이는 인간이 신의 뜻을 온전히 이해할 수 없다는 메시지일 수도 있고, 신의 의도가 인간에게 스스로 깨달음을 주기 위해 숨겨진 의미일 수도 있습니다.

신탁은 인류 역사 속에서 종교와 문화의 다양한 형태로 여전히 존재하고, 현실 속에서도 그 의미를 찾아볼 수 있습니다. 신탁이 우리에게 주는 메시지는 무엇일까요. 그것은 우리가 어떤 선택을 할지, 어떤 길을 걸어야 할지에 대한 끝없는 질문입니다. 결국 신탁이 주는 진리나 예언을 따르는 것은 인간의 선택이며, 그 선택 속에서 우리는 각자의 삶을 만들어 가는 것입니다.

may 4th

 딸기 Strawberry - 존중과 애정

존중받을 권리는 다른 사람을 존중함으로써 획득됩니다. 바실 수코믈린스키

◇◇◇◇◇◇

누군가를 존중하려면, 먼저 그 사람의 생각과 감정을 존중해야 합니다. 서로 다르게 생각하고, 다르게 느끼는 것이 자연스러운 일임을 인정하며 오히려 배우려고 하는 태도가 중요합니다.

애정은 존중에서 자연스럽게 자라나는 감정입니다. 상대방을 존중할 때, 그 사람을 소중히 여기는 마음이 생깁니다. 그리고 그 마음은 시간이 지나면서 더 깊어져 애정으로 변합니다. 애정은 단순히 좋아하는 감정 이상입니다. 상대방의 행복을 진심으로 바라는 마음이며, 그 사람이 겪는 어려움을 함께 나누고 싶은 마음입니다.

하지만 존중과 애정은 한쪽이 결여되면 관계가 균형을 잃게 됩니다. 존중 없이 애정만 존재하면, 그 관계는 억압적이거나 소유적인 감정으로 변할 수 있습니다. 반대로 애정 없이 존중만 있다면, 그 관계는 형식적인 관계에 그칠 테니까요.

may 5th

 은방울꽃 Maylily - 섬세함

섬세함은 강함을 부드럽게 만드는 것이다. 칼릴 지브란

◇◇◇◇◇◇

섬세함은 사람과 사람 사이에서 마음을 느끼고, 주변의 작은 변화에도 귀 기울이는 깊은 인식입니다. 그래서 섬세함은 때로 큰 힘을 발휘합니다. 누군가가 힘든 일을 겪고 있을 때, 그것을 알아채고 위로의 말을 건넨다거나 혹은 아무 말 없이 옆에 있어 준다면 그 사람은 자신이 이해받고 있다는 느낌을 받게 될 것입니다.

하지만 지나치게 섬세한 태도는 상대방에게 부담을 줄 수도 있고, 작은 것에 신경 쓰다 보면 큰 그림을 놓칠 수 있습니다. 섬세함은 적절히 발휘되어야 하며, 지나치게 세밀하게 표현되거나 강요될 때는 부담이 된다는 것을 기억해야 합니다.

may 6th

 비단향꽃무 Stock (Matthiola) - 영원한 아름다움

아름다움은 순간의 빛이 아니라 그 안에 담긴 영혼의 빛이다. 미상

◇◇◇◇◇◇

사람을 사랑하고, 깊이 이해할 때 그 아름다움은 시간이 지나도 여전히 빛을 발합니다. 진정성과 선함, 그리고 타인을 향한 따뜻한 마음은 어떤 외적인 변화에도 불구하고 변치 않으니까요. 어떤 이는 삶의 고난과 역경 속에서 그 아름다움을 더욱 빛내고, 또 어떤 이는 주변을 따뜻하게 만드는 작은 배려로 사람들에게 깊은 인상을 남깁니다.
영원한 아름다움은 예술과 문화 속에서도 찾아볼 수 있습니다. 수백 년을 지나 오늘날까지도 여전히 감동을 주는 고전 작품들처럼, 시간이 지나도 그 가치를 잃지 않습니다. 그것은 시대를 초월한 진리나 감동을 담고 있기 때문입니다.

may 7th

 딸기 Strawberry - 사랑과 존경

존경은 인간으로서 우리가 더 나은 존재로 성장하는 일입니다. 미셸 오바마

◇◇◇◇◇◇

사랑은 감정의 흐름입니다. 그것은 우리가 상대방에게 느끼는 깊은 애착이며, 때로는 불완전함을 감싸주고, 때로는 상대방의 성장과 행복을 진심으로 바라는 마음입니다. 그 안에는 기쁨, 슬픔, 기다림, 그리고 함께하는 시간 속에서 느끼는 모든 감정이 담겨 있습니다.

존경은 사랑의 또 다른 형태입니다. 사랑이 감정의 흐름이라면, 존경은 그 감정에서 나온 존중과 배려의 표현입니다. 우리는 누군가를 사랑하면서, 그 사람의 가치를 존중하고, 그 사람의 행동이나 선택을 인정합니다. 사랑을 더욱 성숙하게 만들어 주는 힘입니다. 부모에 대한 사랑은 애정에서 시작되지만, 삶의 지혜와 희생을 바라보며 존경하게 됩니다. 또한 친구나 동료에 대한 사랑도 시간이 흐르면 서로의 삶과 가치관을 존중하고, 그 사람을 더욱 높이 평가합니다.

사랑과 존경이 깊어질수록 더욱 풍요롭고 아름다운 삶을 살아갈 수 있습니다.

may 8th

 수련 Water Lily - 청순한 마음

어려운 것은 사랑하는 기술이 아니라 사랑을 받는 기술이다. 알퐁스 도데

◇◇◇◇◇◇

청순한 마음은 세상의 소음 속에서 변하지 않는 순수한 아름다움입니다. 세상을 바라보는 순수한 눈빛, 감정을 나누는 진지한 태도, 세상과 자신을 향한 기대와 욕심 없이 있는 그대로를 받아들이는 마음입니다. 복잡한 생각에 사로잡히기보다, 순수한 감정에 따라 행동합니다. 불필요한 계산 없이 세상과 소통합니다. 그런 마음은 사람들에게 따뜻한 위로가 되고, 그늘진 곳에 작은 빛을 비추는 역할을 합니다. 가진 것에 감사하며, 그 감사한 마음을 세상에 전하려는 마음입니다.

may 9th

 겹벚꽃 Prunus - 정숙, 단아함

몸가짐은 각자가 자기의 모습을 비치는 거울이다. 괴테

◇◇◇◇◇◇

단아함은 겉으로 보이는 모습에서 드러나는 우아함입니다. 과장되지 않은 고요한 아름다움입니다. 어떤 의상이나 태도에서 지나친 화려함을 피하고, 자연스러운 자신만의 스타일을 보여줍니다. 겉으로 드러나는 것이 아니라, 자신이 가지고 있는 내적인 품격에서 아름다움을 발산합니다. 마치 꽃잎 하나하나가 아름답게 피어나듯, 세상 속에서 고요한 아름다움을 지니고 살아갑니다.

정숙과 단아함은 그 사람의 깊이를 드러내는 성품입니다. 정숙이란 그 사람이 마음속에서 품고 있는 깊은 사유와 성찰을, 단아함은 그 깊이가 겉으로 드러나는 것입니다. 그래서 둘 다 지나치지 않게, 균형을 이루며 살아가는 사람의 삶에 녹아들어 있습니다. 사람의 본질적인 아름다움을 드러내는 방식입니다.

may 10th

 꽃창포 Flag Iris - 우아한 마음

인생은 미인대회가 아니다. 육체적인 아름다움은 한때일 뿐.
오래도록 지속되는 건 바로 우아함이다. 칼라거펠트

◇◇◇◇◇◇

우아함은 내적인 매력과 깊은 관련이 있습니다. 우아한 사람들은 자신을 표현하는 법을 알고 있으며, 이는 그들을 더욱 끌리게 하는 이유 중 하나입니다. 우아함은 외적인 모습에서도 보이지만, 가장 중요한 것은 내면에서 시작됩니다.

일상에서 우아함이 조금씩 스며들게 해보세요. 꾸준한 연습을 통해 얻어지는 우아함은 마치 아름다운 와인을 숙성시키는 과정과 같습니다.

may 11th

 사과 Apple - 유혹

유혹을 죄로 만드는 유일한 것은 그것에 굴복하는 것이다. 빌리 그레이엄

◇◇◇◇◇◇

모든 사람은 어떤 형태로든 유혹을 경험합니다. 그것은 불확실하고 위태로운 상황을 잊기 위한 달콤함일 수 있습니다. 또는 지루한 일상에서 탈출하고 싶다는 갈망이 불러오는 유혹일 수도 있습니다. 유혹은 사람을 끌어들이고, 마치 그 순간만큼은 세상의 모든 답이 그 안에 있는 것처럼 느껴집니다. 하지만 만족스러운 감정에 의존하는 요구이기에, 그 끝은 허무하거나 후회로 이어지기도 합니다.

유혹은 유동적입니다. 우리가 알고 있는 경계를 넘어설 때, 새로운 세계로의 문을 여는 것처럼 보입니다. 그 문 뒤에 무엇이 있는지 알 수 없습니다. 그것은 반짝이는 별처럼 유혹적이지만, 그 별이 우리의 삶을 온전히 밝힐 수 있을지는 아무도 모릅니다.

may 12th

 라일락 Lilac - 사랑의 싹

봄의 태양이 빛나면 곡물의 씨앗은 싹트지 않고 있을 수 없다. 그러나 참된 사랑은 세상이 차갑더라도 꽃이 핀다. 뇌티히

처음 만났을 때, 아니면 우연히 스쳐 지나갈 때 사랑은 시작될 수 있습니다. 그 순간, 두 사람의 마음이 우연히 맞물려 소중한 인연이 됩니다. 사랑이 자라기 시작하는 것은 그런 일회적인 순간만으로는 충분하지 않습니다. 사랑의 싹은 서로의 차이를 이해하고 관계의 감정을 느껴야 하기에 시간이 걸립니다. 많은 관심을 보여야 하고, 또한 마음을 받아들여야 합니다. 마치 한 사람이 다른 사람의 마음을 이해하고, 사랑하려고 노력하는 것이 그 새싹을 확장하는 것처럼.

may 13th

 산사나무 Hawthorn - 유일한 사랑

사랑은 세상의 유일한 진리다. 샤를 드 몽테스키외

◇◇◇◇◇◇

'없음'만이 유일한 사랑이었음을.

며칠 전 윌리엄 셰익스피어의 『리어왕』을 완독했습니다. 콜레라 시대의 사랑이라는 낭만적인 작품이었지만 그 이면에 시니컬하고 비판적인 요소가 숨어 있어 읽는 재미를 더했습니다. 아버지의 잘못된 오판(혹은 광기 어린 잘못된 사랑)으로 펼쳐지는 비극적인 과정과 그 과정에서 깨닫게 되는 진정한 사랑의 의미를.

리어왕을 읽고 나서 윌리엄 셰익스피어 대한 특별한 정보를 발견했습니다. 그는 1564년 4월 23일에 태어났고, 1616년 4월 23일 세상을 떠났습니다. 같은 날에 태어나고 사망한 것입니다. 52년의 삶을 살고 생을 마감한 위대한 거장의 삶을 사람들은 깊이 기억하고 싶었나 봅니다. 4월 23일을 '셰익스피어가 세상에 태어나고 또 세상을 떠난 날'이라고 하며, 그가 문학사에 남긴 거대한 유산과 함께 그의 생애를 기념하는 중요한 상징으로 여기고 있습니다.(유네스코, 세계 책과 저작권의 날 4월 23일로 지정) 윌리엄 셰익스피어는 4월 23일에 태어났고, 그날 떠났습니다.

may 14th

 매발톱꽃 Columbine - 승리의 맹세

승리란 자신이 원하는 것을 얻는 것이 아니라, 자신을 극복하는 것이다. 에머슨

◇◇◇◇◇◇

역사를 찾아보면 육체의 장애를 극복함으로써 더욱 위대한 업적을 남긴 사람들이 많이 있습니다. 『일리아드』와 『오디세이』를 쓴 호머와 『실락원』을 쓴 밀턴은 실명한 장님이었습니다. 중국의 역사가 사마천은 패장을 변호하다가 궁형을 당하였고, 거세당한 치욕을 참지 못하여 은퇴한 후 기록하기 시작한 것이, 역사서이자 문학서인 『사기』입니다. 법학자이며 철학자인 한비자는 심한 말더듬이였기 때문에 자신의 이론에 대해 논박해 올 것에 대비하여 반론을 썼는데, 이렇게 쓰인 것이 그의 이름을 딴 『한비자』입니다.

희랍의 유명한 웅변가인 데모스테네스는 본래 심한 말더듬이에다 발음도 정확하지 못했으나, 자갈을 물고 피나는 발음 연습을 한 끝에 훌륭한 웅변가가 된 사람입니다. 『돈키호테』의 작가인 스페인의 문호, 세르반테스는 한 쪽 팔을 잃은 상이군인이었고, 미국의 루스벨트 대통령은 서른아홉 살에 소아마비로 두 다리를 못 쓰게 되었음에도 네 번이나 대통령에 당선되었습니다. 그 외에도 베토벤은 청각 장애였고, 바그너는 피부 질환으로, 반 고흐는 환청에 시달렸습니다.

이들은 장애를 극복하고 아름다운 승리를 이룬 주인공들입니다. 우리의 삶에는 많은 선택이 있고, 어떤 선택을 할 것인가는 자신의 마음에 달린 것입니다.

may 15th

 물망초 Forget-me-not - 진실한 사랑

사랑은 우리가 다루는 인생의 최고 예술입니다. 에우리피데스

◇◇◇◇◇◇

진심으로 사랑하는 사람에게는 상대방의 행복이 자신만큼 중요합니다. 그 사랑은 어떤 대가나, 조건을 요구하지 않으며 오히려 상대방의 행복을 위해 자기 자신을 희생할 준비가 되어 있습니다. 사랑이 깊어질수록 상대방을 위한 배려와 진심이 자연스럽게 드러납니다. 진실한 사랑은 서로가, 서로를 위한 최고의 버팀목이 되어주며 어려운 순간에도 함께 손을 잡고 나아가게 만듭니다.

진실한 사랑은 한순간에 완성되는 것이 아닙니다. 서로의 부족한 부분을 보완하고, 갈등과 오해를 해결하는 과정에서 사랑은 더욱 단단해집니다. 이 과정에서 함께 더 나은 사람이 되어가는 것입니다. '지금'에만 집중하는 것이 아니라, '미래'를 함께 그려나가는 힘입니다.

may 16th

 조팝나무 Hieracium - 선언

당신의 삶에서 가장 중요한 선언은 당신이 자신에게 선언하는 것입니다. 에이브러햄 링컨

◇◇◇◇◇◇

선언은 의지의 표명이며, 자신이 가고자 하는 길을 확고히 밝히는 결단의 순간입니다. 그 뒤에 따른 행동과 결과를 책임지겠다는 약속입니다. 역사적으로나 개인적인 삶에서 선언은 큰 전환점을 의미합니다. 그것은 무엇인가를 시작하거나, 기존의 상태를 바꾸려는 강한 의도를 담고 있으니까요.

선언의 힘은 그것이 가져오는 변화에서 옵니다. 독립 선언은 단지 한 나라의 독립을 알리는 것이 아니라, 나라와 국민이 새로운 미래를 향해 나아갈 수 있는 기회를 여는 중요한 사건이었습니다. 마찬가지로 개인이 내리는 선언은 그 사람의 삶에 있어 중요한 이정표가 됩니다. 자신에게 더 나은 사람이 되겠다고 다짐하는 순간, 그 사람은 새로운 시작을 향해 발을 내딛는 것이니까요.

may 17th

 노랑 튤립 Tulipa - 사랑의 표시

사랑은 우리가 다른 사람에게 주는 가장 좋은 선물이다. 라이온 펠러

◇◇◇◇◇◇

사랑의 표시 중 가장 흔한 것은 아마 말﹏일 것입니다. 하지만 그 말만으로 모든 감정이 전달되지는 않겠지요. 사랑은 말보다는 그 말 뒤에 숨은 진심을 더 중요하게 생각하니까요.

사랑하는 사람의 일상에 관심을 기울이고, 그의 감정에 민감하게 반응하는 것, 그리고 어려운 순간에 함께 있어 주는 것. 이러한 행동들은 사랑의 진실성을 더욱 뚜렷하게 보여줍니다. 어떤 때는 '나는 네가 필요해'라고 말하는 것보다, 상대방이 힘들 때 말없이 다가가 손을 잡아주는 것이 더 깊은 사랑의 표시가 될 수 있으니까요. 사랑은 평범한 일상에서 보여주는 세심한 배려와 관심에서 더욱 빛납니다.

may 18th

 옥슬립 앵초 Oxlip (Primula elatior) - 첫사랑

첫사랑이 신비로운 것은, 그것이 끝날 수 있다는 것을 모르기 때문이다. 벤자민 드즈렐리

◇◇◇◇◇◇

첫사랑은 순수하고, 막연한 기대와 설렘 속에서 시작됩니다. 그때의 우리는 사랑이라는 감정을 완전히 이해하기보다는, 그저 새로운 감정에 흥분하고 누군가를 좋아하는 마음에 떨림을 느낍니다. 서로의 눈길이 마주칠 때마다 심장이 뛰고, 상대방의 작은 행동 하나에도 온 마음을 쏟으며 모든 것이 특별해집니다.

사실 대부분의 첫사랑은 미완성으로 끝이 나거나 시간이 지나면서 멀어집니다. 하지만 그 기억은 오래도록 남아, 평생 우리의 마음속에서 특별한 자리를 차지합니다. 순수했던 그 시절의 사랑을 떠올리면 언제나 따뜻한 미소가 떠오릅니다.

may 19th

 아리스타타 Aristata - 아름다움의 소유자

아름다운 것, 그것은 마음의 눈으로 보이는 것이다. 주베르

◇◇◇◇◇◇

외적인 아름다움은 사람을 처음 만났을 때 가장 먼저 눈에 띄는 부분입니다. 얼굴의 균형, 몸매의 비율, 또는 특정한 스타일이 사람을 더욱 빛나게 하니까요. 하지만 외적인 아름다움만으로는 진정한 매력을 설명할 수 없습니다. 왜냐하면 아름다움은 순간적이고 변화무쌍하기 때문입니다.

뚜렷한 신념을 갖고 세상과 사람을 대하는 아름다움의 소유자는 타인에게 공감하고, 어려운 상황에서도 희망을 주는 사람입니다. 그들의 눈빛은 따뜻하고, 말 한마디에는 사람을 편안하게 하는 힘이 있습니다. 진정한 아름다움의 소유자는 자신의 삶을 진지하게 살아가며, 그 삶을 통해 진정한 아름다움을 만들어내는 사람입니다. 외적인 아름다움보다는 내면의 아름다움이 그 사람을 더욱 빛나게 만드니까요.

세상에 대한 사랑, 타인에 대한 배려 그리고 자신에 대한 존중이 어우러져 그 자체로 완벽한 조화를 이루는 사람이 진정한 아름다움의 소유자입니다.

may 20th

 괭이밥 Wood Sorrel - 빛나는 마음

친절한 말 한마디가 겨울을 녹이는 따뜻한 봄을 가져와 분다. 일본 속담

◇◇◇◇◇◇

빛나는 마음은 순수한 사랑과 배려에서 나옵니다. 누군가의 아픔에 공감하고, 그 아픔을 함께 나누려는 마음입니다. 그 마음은 어두운 상황 속에서도 주변 사람들에게 빛을 선사하며, 어두운 길을 함께 걸어갈 용기를 줍니다. 진심과 따뜻한 마음에서 비롯되기에 시간이 지나도 변하지 않습니다.

진정으로 남을 위한 작은 행동들은 큰 변화를 이끌어냅니다. 한 마디의 격려, 손길을 내미는 따뜻한 손, 혹은 아무런 대가를 바라지 않고 타인을 도와주는 마음은 그 사람을 빛나는 존재로 만듭니다. 이런 마음을 가진 사람은 어떤 상황에서도, 사람들의 마음을 움직이고 세상을 더 밝고 따뜻하게 변화시킵니다.

may 21st

 담홍색 참제비고깔 Larkspur - 자유

자유는 우리가 원하는 것을 할 수 있는 것이 아니라, 우리가 할 필요가
있는 것을 할 수 있는 것이다. 로렌스 피터스

◇◇◇◇◇◇

자유를 얻는다는 것은 단순히 제한이 없어지는 것이 아니라, 선택할 때의 무게와 그 선택에 따른 결과를 받아들일 준비가 되어 있는 것입니다. 진정한 자유는 타인과의 관계, 사회적 규범 그리고 우리가 살아가는 세상과 조화를 이루며 실현됩니다. 그 자체로 기회일 뿐만 아니라, 그 기회를 어떻게 활용할지에 대한 책임도 요구합니다. 삶을 온전히 살아갈 수 있게 해주는 열쇠이자, 우리가 꾸준히 추구해야 할 가치입니다. 우리는 진정으로 자유롭다고 느낄 때, 자신의 삶을 주도하며 더 나아가 세상과 연결된 의미 있는 삶을 살아갈 수 있습니다.

may 22nd

 귀걸이꽃 Ear Drop - 열렬한 마음

헌신은 진정한 성취의 출발점입니다. 윌리엄 F. 오스러

◇◇◇◇◇◇

열렬한 마음은 사랑과 헌신에서 비롯됩니다. 무엇을 사랑하고, 무엇에 헌신하느냐에 따라 그 마음은 달라집니다. 어떤 사람은 자신의 꿈을 위해, 어떤 사람은 다른 사람을 위해, 혹은 사회적 변화를 위해 그 마음을 품고 살아갑니다.

그것은 감정의 표현을 넘어서, 우리의 행동을 이끌고 주변을 변화시킵니다. 마치 작은 씨앗이 자라나 큰 나무가 되는 과정처럼 처음에는 미약해 보일 수 있지만, 그 열정이 지속될 때 놀라운 변화를 만들어냅니다. 그 마음의 불꽃은 쉽게 꺼지지 않으며, 언제나 새로운 도전과 가능성을 향해 타오릅니다.

may 23rd

 풀의 싹 Leaf Buds - 첫사랑의 추억

첫사랑은 우리에게 인생의 가장 아름다운 순간을 보여줍니다. 레오나르도 다 빈치

◇◇◇◇◇◇

첫사랑은 어떤 것일까요.

그것은 마치 처음 맞이하는 봄처럼, 모든 것이 새롭고 설레는 감정으로 가득합니다. 상대방을 생각하기만 해도 심장이 두근거리며, 그 작은 순간들이 특별하고 소중하게 느껴집니다. 일상적인 대화조차 마법처럼 느껴지고, 손끝이 스치기만 해도 세상이 달라지는 것 같습니다. 그 사람과 함께 있는 그 자체가 행복입니다. 첫사랑의 감정은 그만큼 순수하고, 말로 다할 수 없는 특별한 힘을 가지고 있습니다. 지나간 시간이지만, 그 기억은 언제나 마음속에서 살아있습니다. 그때의 설렘과 그리움은 언제나 따뜻한 미소와 함께.

may 24th

 헬리오토로프 Heliotrope - 사랑이여 영원하라

어제 사랑했고, 지금도 사랑하고, 항상 사랑했고, 앞으로도 사랑할 것입니다. 일레인 데이비스

처음 만났을 때의 설렘, 서로에게 빠져드는 그 감정이 시간이 지나도 그대로 남아 있다면 그것은 바로 영원한 사랑일 것입니다. 사랑은 꽃이 피고 지듯, 변하는 감정이지만 그 사랑의 본질은 사라지지 않습니다. 시간이 지나면서 쌓이는 추억, 서로에 대한 이해와 배려가 사랑을 더욱 깊고 강하게 만듭니다. 진정한 사랑은 시간이 흐를수록 더욱 단단해지고, 더욱 선명해지니까요.

영원한 사랑은 이상적인 소망일지도 모릅니다. 그렇게 바라는 이유는 사랑이 우리에게 주는 힘과 기쁨이 너무나 소중하기 때문입니다. 그것은 언제나 우리의 마음속에서 영원히 빛나며, 우리가 가는 길을 밝혀주는 불빛이 되어줄 것입니다.

may 25th

 삼색제비꽃 Pansy - 순애보

옆에 오래 있어서 사랑하는 거 아니야. 사랑하니까 옆에 오래 있게 되는 거지. 〈달콤한 거짓말〉

◇◇◇◇◇◇

순애보의 가장 큰 특징은 그리움입니다. 이 사랑은 항상 기다림을 동반합니다. 기다림 속에서 사랑은 더욱 깊어지고, 그리움은 사랑을 더욱 순수하게 만듭니다. 그 사람을 만날 수 없다는 사실에 가슴이 아프지만, 그럼에도 그 사랑을 포기하지 않습니다.

순애보는 타인에게 자신을 다 주고자 하는 마음을 담고 있습니다. 이 사랑은 자아를 초월한 사랑으로, '나'보다는 '너'가 우선되는 사랑입니다. 상대방의 행복을 먼저 생각하며, 그 사람을 위해 무엇이든 할 수 있는 마음입니다.

may 26th

 올리브나무 Olive - 평화

평화는 당신의 마음에서 시작됩니다. 그것을 바깥 세상에 퍼뜨리세요. 지그문트 프로이트

◇◇◇◇◇◇

지나간 일에 대한 후회나 미래에 대한 걱정으로, 마음이 어지럽습니다. 마음의 평화는 나 자신에게서 비롯됩니다. 외부 환경에 따라 흔들리지 않고, 내면에서 평화와 고요를 찾을 수 있을 때 진정한 행복을 느낄 수 있으니까요. 그것은 노력과 연습이 필요하지만, 나 자신을 돌보며 찾을 수 있는 보물 같은 것입니다.

마음의 평화란 내면의 깊은 고요와 조화를 찾는 과정입니다. 그것은 나 자신과의 관계에서, 타인과의 관계에서 삶의 균형을 찾고 그 속에서 진정한 안정을 느끼는 것입니다. 평화를 찾는 순간, 세상의 어떤 혼란 속에서도 평온을 유지하며 더 나은 삶을 살아갈 수 있습니다.

may 27th

 데이지 Daisy - 순수한 마음

세상에서 가장 아름다운 것은 순수한 마음이다. 그것은 아무것도 꾸미지 않고,
그대로의 것을 사랑하는 것이다. 파울로 코엘료

◇◇◇◇◇◇

말은 때로 목적지를 잃습니다. 아무리 순수한 의도로 출발해도, 그 길 위에서 상처와 의심을 만나면 뜻하지 않은 형태로 변합니다. 그날도 그랬습니다. 내 진심은 친구의 마음에 제대로 닿지 못했습니다. 진심은 늦게 도착하는 법이고, 오해는 빠르게 벽을 만듭니다. 뒤늦은 해명은 허무했지요. 결국 나는 그동안 해 왔던 일을 멈추는 것으로 마음을 정했습니다. 그 선택은 내가 그 친구를 진심으로 아꼈다는 증거이기도 했으니까요.

가끔 그날을 떠올립니다.

순수한 마음은 오히려 때때로 의심을 부릅니다.

may 28th

 박하 Mint - 미덕

이해하려고 노력하는 행동이 미덕의 첫 단계이자 유일한 기본이다. 바뤼흐 스피노자

◇◇◇◇◇◇

일상에서 여러 가지 유혹과 난관에 직면합니다. 속임수나 자기중심적인 생각이 더 빠르고 쉬운 해결책처럼 보일 수 있습니다. 미덕을 실천하는 것은 단기적인 이익보다 장기적인 가치를 추구하는 삶의 방식입니다. 남에게 칭찬받거나 인정받기 위한 것이 아니라, 내면의 성숙을 이루고 나의 삶을 더욱 깊이 있고 풍성하게 만드는 과정입니다. 그 과정에서 더 나은 사람이 되고, 자신과 타인에게 더 많은 사랑과 배려를 전할 수 있습니다.

may 29th

토끼풀 Clover - 쾌활

유쾌한 마음은 자기 자신뿐만 아니라 다른 사람에게도 계속되는 축제와 같다. 존 러벅

◇◇◇◇◇◇

쾌활한 사람은 삶을 유머와 긍정적인 시각으로 바라봅니다. 그들에게 세상은 언제나 무한한 가능성으로 가득 차 있으며, 어떤 어려움도 극복하는 힘이 있다고 믿습니다. 힘든 순간에도 문제를 회피하는 대신, 웃음으로 받아들이고 그 안에서 배울 점을 찾으려 합니다. 쾌활한 성향은 다른 사람들에게도 영향을 미칩니다. 대화를 나누는 동안 상대방을 편안하게 만들어 주며, 어색함을 없애고 자연스러운 관계를 만듭니다. 미소와 유머는 다른 사람들의 마음을 여는 열쇠가 되어, 누구든지 함께 있는 시간이 즐겁고 유쾌하게 느껴지도록 합니다.

may 30th

 보랏빛 라일락 Lilac - 사랑, 싹이 트다

사랑할 수 있다는 것은 모든 것을 할 수 있다는 것이다. _{안톤 체호프}

◇◇◇◇◇◇

사랑이 싹트는 순간, 마치 겨울을 지나 봄이 오는 것과 같습니다. 얼어붙었던 마음이 조금씩 따뜻해지고, 무심코 지나쳤던 작은 일들 속에서 따스한 감정이 자라나기 시작합니다. 그 시작은 아주 미미하고, 눈에 띄지 않을 수도 있습니다. 그 속에는 새로운 생명이 움트는 기운이 담겨 있습니다. 사랑은 그렇게 조용히, 그러나 강렬하게 마음 깊은 곳에서 자라나기 시작합니다.

처음에는 그것이 무엇인지 정확히 알지 못할 수도 있습니다. 한 사람을 바라보며 가슴 속에서 느껴지는 따스한 감정이, 혹은 우정에서 조금씩 다른 방향으로 변해가는 마음이.

사랑이 싹트는 과정에서 중요한 것은 서로에 대한 진심입니다. 진실한 마음과 감정은 그 싹을 건강하게 자라게 합니다. 진심이 없는 사랑은 쉽게 시들어버리니까요.

may 31st

 무릇 Scilla - 강한 자제력

당신을 존중하라. 자존감은 자제력을 낳는다. 크린트 이스트우드

◇◇◇◇◇◇

자제력의 특징은, 즉각적인 만족을 지연시키는 능력입니다. 우리가 무엇인가를 간절히 원할 때, 그것을 즉시 얻는 것이 얼마나 유혹적이고 쉬운 일인지를 잘 압니다. 그러나 강한 자제력은 그런 순간에 바로 달려들지 않고, 한 발짝 물러서서 자신이 진정 원하는 것이 무엇인지, 그 유혹을 넘어설 수 있는 힘이 무엇인지를 성찰합니다. 자아의 충동을 잠시 멈추고, 더 큰 목표를 위한 시간을 투자하는 것, 그것이 바로 자제력의 힘입니다.

감정은 때때로 즉각적으로 반응하고, 순간적인 기분에 따라 행동하게 만듭니다. 그러나 강한 자제력을 가진 사람은 감정에 휘둘리지 않고, 그것을 건전한 방식으로 표현하는 방법을 알고 있습니다. 화가 나거나 슬플 때, 즉시 그 감정에 따라 말하거나 행동하는 대신, 잠시 자신을 돌아보고 그 감정이 왜 생겼는지, 어떻게 다뤄야 할지를 깊이 생각합니다. 이는 성숙함과 자기 통제의 중요한 부분입니다.

강한 자제력을 가진 사람은 삶을 주도적으로 이끌어가는 사람입니다. 그들의 삶에는 끈기와 인내, 그리고 목표 달성을 위한 전략이 가득합니다. 삶에 긍정적인 변화를 일으키는 중요한 자산입니다.

빛과 성장의 달

The Month of Light and Growth

Jun 1st

 연분홍 장미 Maiden Blush Rose - 나의 마음 그대만이 아네

그대의 마음을 소중히 여겨라. 그 안에는 사랑의 힘이 깃들어 있다. 루미

◇◇◇◇◇◇

그대만이 나의 마음을 알 수 있다는 느낌은, 두 사람이 하나의 언어로 소통하는 것과 같습니다. 아무리 많은 사람이 나를 둘러싸고 있어도, 나를 이해하는 사람은 그대뿐이라고 믿게 되는 순간, 마음은 따뜻해지고 평온해집니다. 그대는 나의 기쁨과 슬픔, 희망과 두려움, 꿈과 현실 사이에서 오롯이 나를 이해하는 사람입니다. 숨기려고 해도 그대는 내 안의 감정을 알아차리니까요.

사람들은 서로를 이해하려고 노력하지만 사실 쉽지 않습니다. 그대는 나의 말 한마디, 표정, 그리고 작은 변화까지 놓치지 않으며, 내가 진심으로 원하는 것이 무엇인지, 내 마음속 깊은 곳에서 바라는 바가 무엇인지를 알고 있습니다. 이 세상에서 나를 가장 잘 아는 사람, 나의 마음을 읽어줄 수 있는 사람을 만나는 것은 큰 행운입니다.

Jun 2nd

 빨강 매발톱꽃 Columbine - 솔직

솔직한 마음이야말로 가장 위대한 지혜다. 윌리엄 해즐릿

◇◇◇◇◇◇

솔직한 사람은 자신이 느끼는 감정을 숨기지 않습니다. 기쁠 때는 그 기쁨을, 슬플 때는 그 슬픔을 자연스럽게 표현합니다. 솔직함의 가장 큰 장점은 무엇보다 신뢰를 쌓을 수 있다는 점입니다. 우리는 겉으로 보이는 모습만 보고 사람들을 평가하거나 관계를 맺습니다. 그러나 시간이 지나면서 서로의 진짜 모습을 알게 되고, 그때의 실망감은 관계에 큰 상처를 남기기도 합니다. 반면, 솔직한 사람은 처음부터 끝까지 일관된 태도를 보입니다. 그래서 사람들은 그들에게서 신뢰를 느끼고, 마음의 문을 열게 되는 것이지요.

하지만 때로 솔직함은 상처를 주기도 합니다. 거친 말이나 직설적인 표현은 상대방에게 불편함을 줄 수도 있고, 갈등을 일으킬 수도 있으니까요.

Jun 3rd

 아마 Flax - 감사

우리가 감사할 줄 아는 만큼, 삶은 더욱 풍요로워진다. 멜로디 비티

◇◇◇◇◇◇

인생에서 모든 일이 순조롭기만 할 수는 없습니다. 때로는 예상치 못한 어려움이나 실패가 찾아오기도 합니다. 그런 순간에도 감사할 수 있다면, 그것에서 무엇인가를 배우고, 우리에게 주는 교훈을 받아들일 수 있을 것입니다.

무언가를 당연하게 여기고 지나칠 때, 그 소중함을 잊어버리기 쉽습니다. 그러나 감사하는 마음을 가지면, 일상에서도 기쁨을 찾아낼 수 있습니다. 따뜻한 햇살, 맛있는 음식, 사랑하는 사람과 함께하는 시간, 자연의 아름다움. 감사는 세상의 아름다움과 소중함을 일깨워주며, 우리가 가진 것들의 가치를 다시금 생각하게 만듭니다. 매사에 감사하는 마음은 우리를 더 행복하게 합니다.

Jun 4th

 다마스크 장미 Damask rose - 아름답게 빛나는 얼굴

자신을 사랑하는 사람의 얼굴이 가장 빛이 난다. 마릴린 먼로

◇◇◇◇◇◇

아름답게 빛나는 얼굴은, 그 사람의 삶의 태도와 사람을 대하는 방식에서 볼 수 있습니다. 어려운 상황에서도 긍정적인 마음을 잃지 않고, 힘든 순간에도 다른 사람을 배려하는 모습은 다른 이들에게 감동을 주고, 주변을 밝게 만듭니다. 화려한 장식이나 꾸밈이 아닌, 그 사람이 얼마나 깊고 진지한 마음을 가졌는지를 보여주는 것입니다. 이런 모습은 시간이 지나도 변하지 않으며, 세월의 흔적 속에서도 여전히 아름다움을 간직합니다.

Jun 5th

 메리골드 Marigold - 가련한 애정

운명이 우리를 갈라놓아도, 마음은 영원히 함께한다. 에밀리 브론테

◇◇◇◇◇◇

우리는 사랑을 원하면서도, 상대방의 마음을 얻지 못할 때 그로 인해 더 큰 고통을 겪습니다. 이때 중요한 것은 자신을 아끼고 사랑하는 것입니다. 다른 사람의 사랑을 얻기 위해, 혹은 그 사랑을 받지 못한 이유로 자신을 비하하거나 자책하는 것은 오히려 사랑을 더욱 어렵게 만듭니다. 자신을 잃지 않고, 오히려 그 사랑이 나에게 주는 가치를 깨닫는 것이 중요합니다. 아프고 힘든 여정이지만, 그 여정을 통해 우리는 진정한 사랑을 찾아가고, 그 사랑이 무엇인지를 배웁니다.

Jun 6th

 ## 노랑 붓꽃 Yellow Flag Iris - 믿는 자의 행복

행복은 믿음을 가진 자에게 찾아온다. 마음 깊은 곳에서 우러나는 신뢰가 행복을 이끈다.
알프레드 몽키

◇◇◇◇◇◇

타인에게 실망하거나, 그들의 행동이나 말을 믿지 못할 때가 있습니다. 그러나 사람을 믿는 이는, 그들의 행동과 말을 신뢰하고 그들의 선의를 믿습니다. 그런 사람은 타인과의 관계 속에서 큰 행복을 느끼며, 삶에 대한 신뢰도도 높습니다.

믿음은 우리 자신에게 주는 선물입니다. 자신을 믿는 사람은 어떤 어려움 속에서도 올바른 길을 가고 있다는 확신이 있습니다. 그 확신은 자신을 돌아보며 성장하고, 잠재력을 믿고 나아가는 힘이 됩니다. 실패나 실수를 두려워하지 않으며, 그 안에서 배우고 다시 일어설 수 있는 용기를 얻습니다.

Jun 7th

 슈미트티아나 Schmidtiana - 사모하는 마음

사모함은 단지 기다리는 것이 아니다. 그것은 그리움 속에서 사랑을 키우는 과정이다.
사를 보들레르

◇◇◇◇◇◇

사모하는 마음은 깊은 그리움과 갈망이 얽혀 있는, 내면에서 솟아오르는 감정입니다. 사랑을 하면서도 그 사람을 온전히 소유하지 못할 때, 혹은 그 사람을 향한 마음이 이루어지지 않을 때 더욱 깊고 강렬해집니다. 그리움의 절정에서 다가갈 수 없을 만큼 먼 사람이나, 가질 수 없을 것 같은 사랑에 대한 갈망입니다.

사모함은 때로 아픔을 동반합니다. 그 사람의 존재만으로도 마음은 가득 차오르지만 그 마음을 어떻게 표현해야 할지 모르거나, 그 사람이 나를 같은 방식으로 바라보지 않는 현실이 아프게 다가옵니다. 그 사람의 미소, 그 사람이 보내는 작은 관심에도 온전히 마음을 빼앗깁니다. 마음의 끝자락에서 떨리는 갈망과 그리움을 품고 살아가는 것이지요.

사모하는 마음은 시간이 지나도 쉽게 사라지지 않습니다. 사모하는 마음을 품은 사람은 사랑을 이해하고, 기다리는 법을 배웁니다.

Jun 8th

 재스민 Jasmine - 사랑스러움

사랑스러운 사람은 단지 아름다운 얼굴을 가진 사람이 아니라,
그 마음이 아름다운 사람이다. 미상

사랑스러운 사람은 다른 사람을 배려하는 마음을 가지고 있습니다. 타인의 아픔을 이해하고, 기쁨을 함께 나누려 합니다. 결코 상대방을 평가하거나 판단하지 않습니다. 있는 그대로 받아들이며, 그 사람의 좋은 점을 먼저 보려고 합니다. 그들이 보여주는 진심 어린 관심과 배려는 그 사람을 더욱 사랑스럽게 만듭니다.

사랑스러운 사람은 세상에 수많은 어려움과 고난이 있을지라도, 긍정적인 시각으로 바라봅니다. 힘든 순간에도 희망을 잃지 않고, 사랑하는 사람들에게 위로와 격려를 아끼지 않습니다. 그런 사람의 마음은 크고 넓어, 늘 다른 사람들을 위한 사랑과 배려로 가득 차 있습니다. 따뜻한 마음과 진정성, 배려심으로 사람들에게 진정한 사랑을 보여줍니다.

Jun 9th

 스위트피 Sweet Pea - 우아한 추억

추억 속에서 찾은 우아함은 시간이 흐를수록 더욱 값지다. 존 키츠

◇◇◇◇◇◇

시간이 지나고, 바쁜 일상에 몰두하면서 우리는 그때의 감정이나 소중한 사람들을 놓치기도 합니다. 그러나 그것은 지나간 시간 속에서 찾을 수 있는 한 줄기 빛과 같습니다. 함께 웃고 울었던 특별한 순간들, 세월이 지나도 변하지 않는 추억입니다. 그 순간들을 기억하는 것만으로도 우리는 과거의 아름다움을 되새기며, 현재를 살아가는 힘을 얻으니까요.

Jun 10th

 ## 수염패랭이꽃 Sweet William - 의협심

의협심은 우리가 세상을 조금 더 나은 곳으로 만드는 원동력이다. 미상

◇◇◇◇◇◇

의협심은 다른 사람의 고통이나 어려움을 자신처럼 여겨 함께 나누고, 그들을 돕기 위해 나서는 이타심입니다. 타인의 고통을 함께 느끼고, 그 아픔을 덜어주기 위해 무엇이든지 할 준비가 되어 있습니다. 하지만 때로 자기희생을 동반하기 때문에 신중함이 필요합니다. 다른 사람을 돕는 것이 자신에게 해가 되는 일이거나 지나치게 희생을 강요하는 일이 될 수도 있기 때문입니다. 균형을 맞추는 것이 중요합니다. 타인을 돕되 자신을 잃지 않고, 다른 사람들의 도움을 받는 것도 방법이 될 수 있습니다. 진정한 의협심은 나와 타인 모두의 행복을 바탕으로 하는 것입니다.

Jun 11th

 중국 패모 Fritillaria Thunbergii - 위엄

위엄 있는 사람은 다른 이들을 압도하려 하지 않는다. 그저 존재만으로도
그들의 신뢰를 얻는다. 존 F. 케네디

◇◇◇◇◇◇

위엄은 권위와 혼동되기 쉽지만, 진정한 위엄은 권력을 휘두르는 방식이나 외적인 힘에 의존하지 않습니다. 자신이 가진 힘으로 남을 억누르거나 강요하는 것으로 사용하지 않고, 타인을 돕고 이끌어가는 데 씁니다. 감정에 휘둘리지 않고, 상황을 냉정하게 분석하고 대처하는 태도는 위엄 있는 사람만이 가질 수 있는 덕목입니다.

자신만의 확고한 기준을 가지고 있으며, 이를 통해 사람들에게 올바른 길을 제시할 수 있는 사람들은 그 자체로 큰 영향력을 지닙니다. 그들은 사람들을 이끄는 리더이자, 조용히 세상을 바꾸는 변화의 주체입니다. 위엄은 그 사람의 내면에서 나오는 강력한 품위와 결단력의 결합입니다.

Jun 12th

 레제다 오도라타 Reseda Odorata - 매력

> 자신감을 가진 사람은 어디에 있든 매력을 발산한다. 매력은
> 마음에서 우러나는 자신감이다. 레이철 조이스

매력 있는 사람은 다른 사람들과 비슷한 방식으로 살아가기보다는 자신만의 길을 걸으며, 그 길에서 자신만의 색깔을 찾습니다. 그들의 개성은 남들과의 비교에서 나오는 것이 아니라, 자신의 경험과 가치관, 그리고 세상에 대한 고유한 시각에서 비롯됩니다. 자신을 꾸미거나 숨기지 않고, 진정으로 원하는 대로 살아가며 그 자유로운 모습이 사람들을 매료시킵니다.

Jun 13th

 디기탈리스 Foxglove - 가슴 속의 생각

생각은 마음에서 시작되지만, 가슴 속에서 진정성을 얻는다. 에크하르트 톨레

◇◇◇◇◇◇

가슴 속의 생각은 아픔과 상처를 담고 있을 때가 많습니다. 그래서 누군가에게 털어놓기보다는 조용히 마음 안에 숨겨두고, 스스로 치유하려고 애씁니다. 말하지 않음으로써, 그 생각들을 나만의 비밀로 간직하려고 하는 것입니다. 언젠가 그 생각들이 다른 사람과 나누어질 때, 진정한 이해와 연결의 순간이 되겠지요.

Jun 14th

 뚜껑별꽃 Anagallis - 추상

추상적인 사상은 구체적인 현실로 드러나기 전, 우리의 마음속에서
가장 순수한 형태로 존재한다. 루이스 부르주아

◇◇◇◇◇◇

우리가 왜 살아가는지, 인생의 목적이 무엇인지를 생각할 때 구체적인 말로 풀어내기 어렵습니다. '왜 우리는 존재하는가?'라는 질문에 대한 답은, 어떤 이에게는 종교적인 믿음에서, 어떤 이에게는 철학적인 탐구에서, 또 다른 이에게는 사랑과 관계 속에서 발견됩니다. 그 모든 것들은 하나의 단일한 해답으로 연결되지 않으며, 각각의 사람에게 추상적인 의미로 다가갑니다.

이러한 추상적인 생각은 창의성을 자극하기도 합니다. 예술, 문학, 철학, 음악과 같은 분야의 많은 창작물들이 추상적인 생각을 토대로 창작됩니다. 그러한 작품들은 명확한 답을 제시하기보다는, 보는 사람으로 하여금 자신의 해석을 끌어내도록 유도합니다.

추상적인 생각은 우리가 경험하는 세계와 그 너머의 세상 사이에서 끊임없이 교차하는 마음의 흐름입니다.

Jun 15th

 카네이션 Carnation - 정열

정열이 없다면, 삶은 그저 시간의 흐름에 불과하다. 칼 융

◇◇◇◇◇◇

정열적인 삶의 첫 번째 특징은 깊은 몰입입니다. 무언가에 몰두할 때, 시간을 잊고 모든 에너지를 그 일에 쏟습니다. 예술가나 작가가 작품에 몰두하는 것처럼, 정열적인 삶을 사는 사람은 자신이 원하는 일이 아닌 것은 무엇도 중요하지 않습니다.

정열적인 삶은 열정을 기반으로 합니다. 사람들은 열정적인 사람을 보면, 그들의 에너지가 전염되어 자신도 함께 움직이고 싶어 합니다. 사람들에게 영감을 주며, 열정을 불어 넣습니다. 삶은 도전이며, 자신을 발견하고, 세상과 소통하는 하나의 여정입니다. 과거의 실패나 아픔을 두려워하지 않고, 오히려 성장의 발판으로 생각합니다. 중요한 것은 목표를 달성하는 것이 아니라, 그 과정에서 배우고 성장하는 것입니다.

Jun 16th

 튜베 로즈 Tuberose - 위험한 쾌락

쾌락은 인생을 풍요롭게 만들지만, 그것이 삶의 전부가 되어서는 안 된다. -마르쿠스 아우렐리우스

쾌락은 인생을 풍요롭게 만들 수 있는 선물입니다. 하지만 위험한 쾌락이 될 때는 큰 대가를 치르게 될 수도 있습니다. 그것은 우리가 인지하지 못한 채 다가오며, 그 유혹에 빠졌을 때 자신도 모르게 그 안에 갇히게 됩니다.

한번 쾌락을 경험하면, 그것을 반복하려는 욕망에 휘둘립니다. 마치 중독처럼 쾌락을 추구하는 행동은 습관이 되고 더 큰 쾌락을 찾게 됩니다. 이 반복적인 욕망은 점차 자신을 통제할 수 없게 만듭니다. 마약, 도박, 과소비 등 다양한 형태로 나타나는 중독적인 쾌락은 바로 그 본능적인 욕망을 통제 불능 상태로 만드는 것입니다.

위험한 쾌락은 사람의 도덕적, 정신적 가치를 흔드는 일입니다. 일시적인 즐거움에 집중하면 자신이 진정으로 원하는 것과 상관없는, 사회적 규범이나 도덕적 기준을 무시하게 될 수도 있습니다.

Jun 17th

 토끼풀 Clover - 감화

사람들을 감화시키는 힘은 바로 자신의 진실함과 순수함에 있다. 안톤 체호프

◇◇◇◇◇◇

사람의 친절이나 배려는 예기치 못한 순간에 우리를 감동시키고, 그 감동은 마음 깊은 곳에서 일어나는 작은 변화의 시작을 알립니다. 그 사람의 진심 어린 말 한마디나 행동 하나가 마음을 움직여, 삶의 태도나 가치관에 영향을 미칩니다. 나도 저런 사람이 되고 싶다는 마음이 생기고, 점차 그 마음이 우리의 삶에 스며들게 됩니다.

누군가에게 감화를 받고 그 마음이 깊어지면, 자연스럽게 다른 사람들에게도 그 마음을 나누고 싶어집니다. 어떤 어려운 상황에서 혹은 삶의 한계에 부딪혔을 때, 우리는 때로 다른 사람의 격려나 조언에 다시 일어설 힘을 얻습니다. 이는 감화가 단지 개인적인 경험에 그치지 않고, 다른 사람들에게도 긍정적인 영향을 미친다는 뜻이겠지요.

Jun 18th

 백리향 Thyme - 용기

진정한 용기는 누군가가 당신을 믿지 않을 때, 그럼에도 불구하고
자신을 믿고 행동하는 것이다. J.K. 롤링

◇◇◇◇◇◇

삶에서 맞닥뜨리는 수많은 도전과 어려움은 때로 우리를 주저앉게 만듭니다. 이럴 때 필요한 것은 용기입니다. 두려움이 존재하는 상황에서도 나아가려는 의지, 넘어져도 다시 일어나려는 힘, 용기입니다. 누구나 두려움은 느끼지만, 그 두려움을 어떻게 다루느냐가 용기 있는 사람과 그렇지 않은 사람을 구분 짓습니다.

많은 사람은 도전에 앞서 실패를 걱정하고 두려워합니다. 그러나 위대한 성공은 언제나 그 두려움을 극복하고 용기 있게 첫걸음을 내딛는 사람에게만 주어집니다.

Jun 19th

장미 Sweet Brier - 사랑

사랑은 단순히 감정이 아니라, 서로를 위해 노력하고 이해하려는 의지이다. 에리히 프롬

무형의 것들을 사랑한다.
숨소리와 숨결과 눈빛과 아직 쓰지 않은 말들의 생각.
그런 것들은 사랑을 알려준다.
너의 사랑과 나는 비례한다.
추락과 동시에 비상을 원하는 것 같이
너를 채울수록 나는 덜어졌다.

Jun 20th

 꼬리풀 Speedwell - 달성

목표는 단지 꿈이 아니라, 현실로 만들어가는 계획이다. 존 C. 맥스웰

◇◇◇◇◇◇

우리는 모두 크고 작은 목표를 가지고 살아갑니다. 어떤 이는 원하는 직업을 얻고자 하고, 어떤 이는 건강한 삶을 위해 운동을 지속하며, 또는 자기 계발을 통해 더 나은 사람이 되기를 희망합니다. 하지만 목표를 설정하는 것과 이를 실제로 달성하는 것 사이에는 큰 차이가 있습니다.

삶을 개선하고 목표를 달성하는 데 노력은 필수적입니다. 성취와 성공의 핵심이며, 많은 인생 이야기와 경험을 통해 배울 수 있는 중요한 가르침 중 하나입니다. 노력은 연속적이어야 합니다. 아벨 탤만은, 시간은 노력의 친구라고 말했습니다. 목표 달성은 노력을 통해 꿈을 현실로 만드는 여정입니다.

Jun 21st

 달맞이꽃 Evening Primrose - 자유스러운 마음

자유로운 마음을 가진 사람은 세상의 무게를 느끼지 않는다. 그는 단지 자신을 따라간다.
앤디 워홀

◇◇◇◇◇◇

우리는 자유로운 마음을 갈망하지만, 정작 그것이 무엇인지 깊이 생각해 본 적 있을까요. 자유란 자신의 본질을 이해하고 그에 따라 살아가는 것입니다. 참된 자유를 누리기 위해서는 무엇보다도 자신의 한계를 인정하고, 내면의 굴레에서 벗어나야 합니다.

목표, 인정, 재물, 관계 이런 것들이 자유를 줄 것처럼 보이지만, 사실은 우리를 얽어매는 사슬이 됩니다. 진정한 자유는 이러한 욕망을 초월하는 데서 옵니다. 니체는 '초인$_{Übermensch}$'을 통해 기존 가치의 전복을 이야기했듯, 우리는 내면에서 자유를 찾아야 합니다.

자유로운 마음은 먼 곳에 있는 것이 아닙니다. 불필요한 짐을 내려놓고, 순간의 아름다움을 음미하는 바로 그 순간에 존재합니다. 존재의 본질을 고민하고, 타인의 시선에서 독립하며, 현재를 온전히 살아갈 때 우리는 비로소 진정한 자유를 경험할 수 있습니다.

Jun 22nd

 가막살나무 Viburnum - 사랑은 죽음보다 강하다

죽음보다 강한 것, 그것은 이성이 아닌 사랑이다. 토머스 만

◇◇◇◇◇◇

사랑의 위대함은 죽음을 초월하여 영원히 존재한다는 것입니다. 이성적인 사고는 누구나 가능합니다. 하지만 이성적인 판단은 스스로 이성적으로 판단하고자 노력하면서, 감정을 억제하는 제어 능력이라고 생각합니다. 이 제어 능력은 감정을 감추는 것일 뿐이기에 사실 적시의 진실은 있으나 그 사람의 진실, 진심을 알 수 있는 부분은 아닙니다. 그렇기에 원초적인 감정인 사랑처럼 영원히 존재할 수 있는 것이 아닙니다.

Jun 23rd

 접시꽃 Holly Hock - 열렬한 연애

사랑은 무모할 수 있지만, 그 무모함 속에서 진정한 열정이 피어난다. 파블로 네루다

◇◇◇◇◇◇

사랑에 빠지는 순간, 불꽃처럼 타오르는 감정과 끝없는 열망으로 가득 차오릅니다. 마치 세상이 둘만을 위해 존재하는 것처럼 느낍니다. 모든 감각이 예민해지고, 하루의 시작과 끝이 사랑하는 사람과 연결됩니다. 눈빛만으로도 마음이 통하고, 손끝이 스칠 때마다 전율이 일어납니다. 함께하는 시간은 마치 꿈결 같고, 떨어져 있는 순간조차 서로를 향한 갈망으로 가득합니다. 이런 사랑은 감정의 기복이 크고, 상대에게 강렬하게 끌리며, 때론 현실과 부딪히면서도 포기할 수 없습니다.

이러한 연애는 지속적인 노력 없이는 쉽게 사그라질 수도 있습니다. 처음의 뜨거운 불꽃을 유지하기 위해서는 서로에 대한 배려와 신뢰가 필요합니다. 단순한 열정이 아닌 깊은 유대감으로 나아갈 때, 열렬한 연애는 더욱 단단하고 아름다운 사랑으로 변모할 수 있습니다.

Jun 24th

 버베나 Garden Verbena - 가족의 화합

> 가족은 함께 시간을 보내고, 서로의 생각을 나누며, 마음을 나누는 곳이다.
> 그것이 바로 화합의 시작이다. 조지 샌드

오순도순 가족들이 한 마을에 모여 살았던 과거의 모습은 사라진 지 오래입니다. 각자 자기 몫의 삶을 사느라 바쁘니, 몇 마디의 문자로 안부를 물어도 이해가 되는 시대입니다. 그런 시대에 대가족이 한자리에 모여 가족애를 나누는 가족이 있어 눈길을 끕니다. 무려 29년째, 단 한 회도 빠지지 않고 계속된 모임입니다. 올해 역시 68명의 가족이 한자리에 모였습니다.

가족의 보호수, 살구나무.

대호지면 송전리에 사는 노부부의 집 안뜰에는 가족을 지켜주는 살구나무가 있습니다. 이 집터에 언제부터 뿌리내린 지, 모를 정도로 아주 오래된 나무입니다. 이 나무의 이름을 따서 만든 것이 '살구나무회'입니다. 살구나무회는 정ㅇㅇ 옹의 7남매 가족들로 구성된 모임입니다. 7남매의 자녀들은 물론, 그 자녀의 자녀까지 말 그대로 명실상부 대가족입니다. 이렇게 한 해도 거르지 않고, 사이 좋게 모임이 이뤄질 수 있는 비결은 서로 의논하며, 한 마음으로 준비하기 때문입니다. 가족의 화합은 사랑과 이해 그리고 배려의 마음이 필요합니다.

Jun 25th

 나팔꽃 Morning Glory - 덧없는 사랑

사랑은 사라질 수 있지만, 그것이 우리에게 남긴 감정은 영원하다. 레오 톨스토이

◇◇◇◇◇◇

덧없는 사랑은 마치 손안의 모래와 같습니다. 한줌 가득 움켜쥐려 하면 할수록 모래알은 손가락 사이로 빠져나가고, 결국 텅 빈 손바닥만이 남습니다. 그 순간의 온기와 촉감은 분명 존재했지만, 결국 남는 것은 기억 속 아련한 잔상일 뿐입니다. 우리는 때로 끝을 알면서도 사랑에 몸을 던집니다. 오래 지속되지 않을 것임을 알면서도, 순간의 설렘과 감정에 기대어 마음을 내어줍니다.

덧없는 사랑은 언제나 우리를 떠날 준비를 하고 있습니다. 계절이 바뀌듯, 사랑도 어느 순간 우리 곁을 스쳐 지나갑니다. 짧은 순간이라 할지라도 그 순간 우리는 가장 뜨겁게 사랑하고, 가장 진실한 마음을 나눕니다. 시간이 지나도 사라지지 않는 기억이 됩니다. 그러니 원망할 필요는 없습니다. 애초에 모든 것이 영원할 수 없듯, 사랑 또한 그러하니까요.

Jun 26th

 흰 라일락 Lilac - 아름다운 맹세

아름다운 맹세는 말뿐 아니라, 그 말의 무게를 온전히 실천하는 것이다. 헨리 워드 비처

◇◇◇◇◇◇

사랑하는 이에게 건네는 맹세는 영원히 함께하겠다는 다짐이며, 꿈을 향한 맹세는 어떤 어려움이 닥쳐와도 포기하지 않겠다는 의지입니다. 부모는 자식을 위해 헌신을 맹세하고, 친구는 서로를 끝까지 지켜주겠노라 다짐합니다. 세상에는 수많은 약속이 있지만, 진실한 맹세는 삶을 바꾸는 힘이 있습니다. 순간의 감정이 아닌, 깊은 신뢰와 용기에서 비롯된 맹세는 어떤 폭풍이 닥쳐와도 흔들리지 않습니다.

Jun 27th

 시계꽃 Passion Flower - 성스러운 사랑

사랑은 신의 선물이며, 그것을 진심으로 실천할 때 우리는 신의 존재를 느낀다. 마더 테레사

◇◇◇◇◇◇

베로니카 1945년, 50 x 36cm 유채, 퐁피두 센터 소장

청순한 표정과 순수한 눈동자를 가진 여인의 모습이 어딘지 모르게 성스러운 사랑을 갈구하는 듯합니다. 베로니카의 얼굴을 둘러싸고 있는 피로 얼룩진 천과 이마에 그려진 십자가는 인간의 죄를 사하기 위하여 피 흘리신 그리스도의 참사랑을 표현한다고 합니다.

예수님의 수난을 목격한 무리 가운데 피와 땀으로 얼룩진 그리스도의 얼굴을 닦음으로써 그 천에 성안을 찍히게 했다는 성녀 베로니카의 얼굴입니다. 영혼 깊숙한 곳에서 피어나는 순결한 빛이며, 시간이 흐를수록 더욱 단단해지는 신성한 맹세. 성스러운 사랑은 희생과 헌신을 두려워하지 않으며, 아낌없이 내어주면서도 더 풍요로워지는 사랑입니다.

Jun 28th

 제라늄 Geranium - 그대가 있기에 행복이 있네

그대가 내 곁에 있을 때, 나는 세상이 아무리 거칠고 험해도 행복할 수 있다. 조지 샌드

◇◇◇◇◇◇

세상은 넓고도 험하지만, 그대가 있기에 나는 두렵지 않습니다. 바람이 거세게 불어와도, 길이 어둡고 험난해도 내 곁에 그대가 있기에 나는 웃을 수 있습니다.

그대가 있기에 아침이 설레고, 그대가 있기에 밤이 평온합니다. 기쁨이 두 배가 되고, 슬픔은 반으로 줄어듭니다. 변하지 않는 단 하나의 진실.

그대가 있기에 행복이 있습니다.

Jun 29th

 빨강 제라늄 Geranium - 그대가 있어 사랑이 있네

그대가 있기에 사랑이 존재하고, 그 사랑은 나를 더욱 살아있게 만든다. 에밀리 브론테

◇◇◇◇◇◇

어느 날 문득 외롭다고 느낄 때, 그대의 한마디가 내게 위로가 되고, 길고 긴 밤이 외로울 때도 그대의 작은 손짓 하나가 안식이 됩니다. 사랑이란 거창한 것이 아니라, 그대가 내 곁에 있음으로써 자연스럽게 피어나는 꽃과 같은 것. 따뜻한 봄날의 햇살처럼, 부드러운 바람처럼 내게 스며드는 것.

Jun 30th

 인동 Honeysuckle - 인내와 사랑

우리가 만날 때부터 시작되는 것이 아니라, 시간이 지나며 그 인연이 깊어가는 것이다.
프리드리히 니체

◇◇◇◇◇◇

사랑은 우연처럼 다가와 필연이 됩니다. 수많은 길 위에서 스쳐 지나갈 수도 있었던 우리가, 어떻게든 서로를 찾아내고 마침내 함께 걷게 되는 것. 바로 사랑의 인연입니다. 때로는 운명이라 부르고 때로는 기적이라 하지만, 사실 사랑의 인연은 수많은 선택과 노력 속에서 더욱 깊어지는 것입니다.

서로를 알아보고 마음이 닿는 순간, 서로를 지켜주기로 다짐하는 순간, 사랑의 인연은 더욱 단단해집니다. 시간이 흘러 모든 것이 변해도, 우리의 인연만은 변치 않기를. 그렇게 오래도록 함께하기를.

자유와 열정의 달

The Month of Freedom and Passion

Jul 1st

 단양쑥부쟁이 Fig Marigold - 태만

게으른 자는 장침과 단침이 없는 시계와 같다. 가령 움직이기 시작해도
서 있을 때와 같이 아무 소용이 없다. - 윌리엄 쿠퍼

◇◇◇◇◇◇

태만은 내 안에서 자라난 나른한 속삭임, 조금만 더 쉬어도 괜찮다는 부드러운 유혹입니다. 목표 없이 떠다니는 마음, 실패에 대한 두려움, 완벽함에 대한 강박은 태만이 뿌리를 내리는 좋은 토양입니다. 매일의 작은 망설임이 쌓여 거대한 벽이 되어버리면 더 이상 앞으로 나아가지 못합니다.

변화는 거창한 결심에서 오는 것이 아니라, 사소한 한 걸음에서 시작됩니다. 오늘 해야 할 일을 내일로 미루지 않고, 작은 성취의 기쁨을 쌓아 올릴 때 태만의 속삭임은 작아집니다. 생각이 행동을 지배한다고 믿지만, 행동이 생각을 바꿀 수 있습니다. 완벽하지 않아도 괜찮다는 마음으로 움직이면, 어느새 멈춰 있던 시간이 다시 흐르기 시작할 것입니다.

길 위에서 멈춰 서지 않는 한, 우리는 계속 앞으로 나아가야 합니다. 중요한 것은 완벽한 순간을 기다리는 것이 아니라, 지금을 살아가는 것입니다.

Jul 2nd

 금어초 Snapdragon - 욕망

나는 가장 적은 욕심을 가졌으므로 신에 가장 가까운 존재이다. _{소크라테스}

◇◇◇◇◇◇

인간의 마음속에는 언제나 채워지지 않는 공간이 있습니다. 우리는 그것을 욕망이라 부릅니다. 욕망은 바람과 같아서 잡으려 하면 멀어지고, 충족될 듯하다가도 새로운 갈망으로 이어집니다. 끝없이 솟아나는 이 갈증은 우리를 앞으로 나아가게도 하고, 끝없는 나락으로 이끌기도 합니다.

욕망은 억누르려 하기보다, 그것이 존재함을 받아들이는 것이 중요합니다. 그리고 그것을 어떻게 활용할지에 집중해야 합니다. 욕망이 삶을 지배하지 않도록 균형을 유지하고 욕망을 추구하되, 자신을 잃지 않는 것. 또한 내가 진정으로 원하는 것이 무엇인지 고민해야 합니다. 외부의 기준이 아닌, 자기의 내면이 원하는 욕망이 무엇인지를요.

인간을 움직이는 가장 원초적인 힘은 욕망입니다. 그것이 없었다면 우리는 발전하지도, 꿈을 꾸지도 않았을 것입니다. 다만 욕망에 휘둘리지 않고, 스스로 절제하며 다스릴 때 비로소 진정한 자유를 얻습니다. 욕망은 우리가 길들이는 불꽃이어야지, 우리를 태워버리는 불길이 되어서는 안 되니까요.

Jul 3rd

 흰색 양귀비 Papaver - 망각

망각이란 고통에서 벗어날 수 있는 유일한 방법이다. 프란츠 카프카

◇◇◇◇◇◇

시간이 흐르면 모든 것은 흐릿해집니다. 어제의 감정도, 오래된 약속도, 언젠가 품었던 다짐도. 우리는 그것을 망각이라 부릅니다. 망각은 아쉬움과 후회를 남기지만, 동시에 앞으로 나아가게 만드는 필연적인 과정입니다.

소중한 순간조차 잊히는 것은 슬픈 일입니다. 너무 쉽게 잊어버리는 것은, 또 다른 상처를 만드는 일이니까요. 잊히는 것을 두려워하기보다, 그것이 자연스러운 흐름임을 받아들여야 합니다. 모든 기억을 붙잡으려 할 필요는 없습니다만 중요한 순간들은 기록으로 남겨야 합니다. 글이든, 사진이든, 마음속 다짐이든, 기억을 붙들어 두는 다른 방법을 찾아야 합니다. 과거의 아픔을 억지로 붙잡고 있는 것은 자신을 가두는 일입니다.

망각은 잃어버림이 아니라, 새로운 것을 담아내기 위한 비움입니다.

Jul 4th

 자목련 Lily Magnolia - 자연애

자연과 함께 걸을 때마다, 사람은 그가 찾는 것보다 훨씬 더 많은 것을 받는다. 존 뮤어

◇◇◇◇◇◇

세상은 거대한 자연의 품에서 태어났습니다. 우리는 여전히 그 안에서 숨 쉬고 살아가지만, 자연이 우리 곁에 있다는 사실을 잊고 지냅니다. 가만히 귀 기울이면 알게 됩니다. 나뭇잎 사이로 스며드는 바람, 새들의 노래, 흙 내음 가득한 땅의 숨결이 우리를 감싸고 있음을.

자연은 언제나 아낌없이 우리에게 삶의 터전을 내어주고, 아름다움을 선사합니다. 한 줄기 빛이 만들어내는 색채, 계절의 순환이 그려내는 풍경, 깊은 숲속의 고요함까지 평안한 쉼과 영감을 줍니다. 자연을 사랑하는 마음은 이러한 선물을 온전히 느끼고 감사하는 데서 시작됩니다. 그것은 존재의 근원을 깨닫고 자연과 조화롭게 살아가려는 마음입니다. 자연을 아끼고 사랑할 때, 자연도 우리를 더욱 따뜻하게 품어줄 것입니다.

Jul 5th

 라벤더 Lavender - 풍부한 향기

향기는 마음에 머물던 순간을 다시 살게 만든다. 르네서

◇◇◇◇◇◇

향기는 기억을 깨우는 숨결입니다. 눈에 보이지 않지만, 마음 깊숙한 곳까지 스며듭니다. 한 줄기 향기가 불어올 때, 어느새 잊고 있던 순간으로 돌아갑니다. 유년 시절 뛰놀던 들판의 풀 내음, 사랑하는 이의 옷깃에서 풍기던 포근한 향기, 비 온 뒤 맑은 흙냄새까지.

향기는 감정과 연결되어 있고, 우리의 감각을 자극하며 잊힌 기억을 되살립니다. 라벤더 향이 피곤한 마음을 달래고 따뜻한 커피 향이 아늑한 시간을 선물하는 것처럼, 향기는 일상의 배경이 되어줍니다. 눈으로 볼 수도, 손으로 잡을 수도 없지만 마음으로 느낄 수 있습니다. 향기에 귀 기울이고, 그 속에 담긴 이야기들을 기억하는 것은 지친 삶에 단비같은 선물입니다.

Jul 6th

 해바라기 Sunflower - 애모

그리운 사람은 늘 멀리 있다. 미상

◇◇◇◇◇

애모, 그리움의 다른 이름입니다. 조용히 가슴속에서 피어나는 닿을 듯 닿지 않는 마음의 떨림입니다. 바라보는 것만으로도 가슴이 벅차오르고, 그리움에 눈물이 맺히는 순간들을 품고 있습니다. 가까이 있으면서도 멀리 있는 것처럼 느껴지는 마음입니다. 사랑이 손을 맞잡는 것이라면, 애모는 먼 곳에서 손을 내밀어 바라보는 것과 같습니다. 말하지 않아도, 눈빛 하나로 전해지는 간절함입니다.

사랑하는 이의 존재만으로도 세상이 밝아지는 순간이 있습니다. 그의 모습이 머릿속을 스칠 때마다 가슴이 두근거리고, 마주한 눈빛에 하루가 빛납니다. 애모는 채워지지 않은 그리움이기도 합니다. 때로는 애틋하고, 때로는 애절합니다. 마음속에 피어난 사랑을 조용히 간직하는 것, 그것이 애모의 가장 아름다운 모습입니다.

Jul 7th

 서양까치밥나무 Gooseberry - 예상

예상은 아직 확실치 않은 것. 경험을 통해 가장 확률이 높은 것을 선택하는 것. 미상

◇◇◇◇◇◇

기대와 현실 사이, 우리는 미래를 예상하며 살아갑니다. 날씨를 예상하고 사람들의 반응을 예상하고 내일을 예상합니다. 그것은 불확실한 미래를 향한 돛과도 같아서, 미리 준비할 수도 있고 대비할 수도 있습니다. 하지만 언제나 현실과 정확히 맞아떨어지는 것은 아닙니다. 기대했던 순간이 실망으로 바뀌기도 하고, 반대로 아무런 기대 없이 맞이한 순간이 예상보다 더 큰 기쁨을 주기도 합니다.

뜻밖의 만남, 예상 밖의 기회, 우연히 찾아온 행운이 삶을 더욱 풍요롭게 합니다. 예상은 미래를 향해 내딛는 첫걸음이지만, 그것이 전부는 아닙니다. 다르게 흘러가는 삶 속에서 우리는 성장하고, 더 깊이 있는 순간들을 맞이합니다. 예상이 빗나간다고 실망할 필요는 없습니다. 그 너머에, 더 멋진 현실이 기다리고 있을지도 모르니까요.

Jul 8th

 버드푸트 Birdfoot - 다시 만날 날까지

가끔, 당신이 할 수 있는 가장 용감한 일은 놓아주는 것입니다. 미상

◇◇◇◇◇◇

헤어짐은 항상 아쉬움을 남깁니다. 아직 하고 싶은 말이 남았고 함께 하고 싶은 일이 산더미처럼 쌓여 있는데, 갑작스레 그 순간이 찾아오면 마음은 슬픔으로 가득 차겠지요. 그럼에도 다시 만날 날을 기약합니다. 어느 날 불현듯 다시 마주칠 수도 있을 것입니다. 그때가 언제일지 모르지만, 그 만남이 올 때까지 최선을 다하며 살아가야겠지요. 서로의 자리를 존중하며, 다시 만날 날을 기다리며.
그리고, 그날이 오면 우리는 이렇게 말하지 않을까요.
-다시 만날 때까지, 너를 잊지 않았어.

Jul 9th

 아이비 제라늄 Ivy-leaved Geranium - 진실한 애정

진실은 허위를 벗어 던지면 저절로 나타나게 되어 있다. 마르셀

◇◇◇◇◇◇

변하지 않는 빛, 진실은 언제나 그 자리에 있습니다. 우리가 외면하든 직면하든, 진실은 흐려지지 않습니다. 진실을 마주하는 용기, 거짓 속에서도 흔들리지 않는 신념 그리고 스스로에게 정직한 삶이야말로 진실의 또 다른 얼굴입니다.

진실은 때로 상처가 되기도 합니다. 듣고 싶은 말과 들어야 하는 말이 다르니까요. 진실을 마주하는 일은 쉬운 일이 아닙니다. 그러나 진실을 외면하는 삶은 더 큰 혼란과 후회를 남깁니다. 진실을 통해 우리는 성장하고, 서로를 이해하며 더 단단한 삶을 만들어가야 합니다. 진실은 변하지 않는 빛과 같아서, 결국 우리를 가장 올바른 길로 인도할 테니까요.

Jul 10th

 초롱꽃 Campanula - 감사

감사는 가장 작은 것에서 시작된다. 마야 안젤루

◇◇◇◇◇◇

감사는 마음을 채우는 빛, 우리의 삶을 더 풍요롭게 만드는 작은 기적입니다. 하루하루 당연하게 여겼던 것들 속에서 감사를 발견하는 순간, 더 깊이 있는 행복을 마주합니다. 감사는 삶을 바라보는 태도이며, 마음을 채우는 빛입니다.

따뜻한 햇살, 한잔의 차, 누군가의 따뜻한 말 한마디 속에서도 감사할 이유를 찾을 수 있습니다. 고맙다는 말 한마디는 사람과 사람을 잇는 다리가 됩니다. 감사하는 습관은 삶의 시선을 바꿉니다. 부족한 것보다 가진 것에 집중하는 순간, 우리는 삶의 아름다움을 더욱 선명하게 느낄 수 있으니까요.

오늘 하루를 돌아보며, 감사할 것들을 떠올려 보세요. 감사하는 마음이야말로 삶을 더욱 빛나게 만드는 가장 큰 힘입니다.

Jul 11th

 아스포델 Asphodel - 나는 당신의 것

사랑은 두 영혼이 하나로 융합되는 것이다. 셸리

◇◇◇◇◇◇

나는 너의 것.
그 말에는 서로에게 맡길 수 있는 모든 것들이 담겨 있습니다. 이 세상에서 단 하나뿐인 나와 너. 서로 다른 길을 걸어온 우리는, 언젠가 그 길에서 마주칩니다. 처음 만났을 때는 서로에 대해 잘 알지 못했지만 함께 마음을 나누고, 경험을 공유하면서 점점 더 가까워집니다.
나는 너의 것이라고 말하는 것은 내가 너에게 전적으로 믿음을 주고, 너의 삶 속에 내 자리를 마련한다는 약속입니다. 너는 나에게 특별한 의미를 지닌 존재입니다. 너의 기쁨은 내 기쁨이 되고, 너의 슬픔은 내 슬픔이 됩니다. 우리의 감정은 서로 얽혀 함께 울고 웃으며, 침묵 속에서도 서로를 이해합니다. 이는 내가 너에게 온전히 열려 있음을 의미합니다. 나의 시간, 나의 모든 것을 너와 함께 나누고 싶다는 마음이 그 속에 담겨 있으니까요.

Jul 12th

 좁은잎배풍동 Solanum - 참을 수 없어

눈에 보이는 것이 다가 아니다. 미상

◇◇◇◇◇◇

우리는 때때로 힘겨운 진실을 마주하는 순간을 겪습니다. 피하고 싶고, 외면하고 싶은 것들입니다. 그러나 그것은 언제나 우리 곁에, 어느 순간이라도 찾아옵니다. 마치 어두운 구름이 하늘을 가리듯 너무 무겁고, 때로는 그것을 받아들이는 것이 불가능하다고 느껴질 정도로 충격적일 때도 있습니다.

하지만 진실을 마주한 순간에도 한 가지 깨달음은 있습니다. 바로 지금, 이 순간을 살아간다는 것입니다. 삶의 진실이 고통스럽고 참을 수 없다고 하더라도, 그 진실이 주는 메시지는 분명합니다. 유한한 존재로서 우리는 그 유한성을 인정하고 살아가야 하는 것. 그래서 순간순간을 소중히 여겨야 한다는 사실입니다.

참을 수 없는 삶의 진실은, 진정으로 무엇을 중요하게 여길 것인지에 관한 질문입니다. 우리는 완벽하지 않으며 세상은 언제나 변합니다. 그 변화 속에서 어떻게 살아갈 것인지에 대한 선택은 나의 몫입니다.

Jul 13th

 잡초꽃 Flower of Grass - 실제적인 사람

1퍼센트의 가능성, 그것이 나의 길이다. 나폴레옹

◇◇◇◇◇◇

실제적인 사람은 현실을 직시하며, 꿈과 이상보다는 눈앞에 놓인 문제를 해결하려는 사람입니다. 말보다는 행동으로, 상상보다는 실현으로 삶을 이끌어갑니다. 세상은 많은 이론과 아이디어로 가득 차 있지만, 한 발짝 물러서서 바라봅니다. 현실적인 제약을 이해하고, 지금 할 수 있는 일에 집중하며 가능한 방법을 찾아냅니다.

또한 자신의 한계를 인정할 줄 압니다. 그들은 세상의 모든 문제를 자신이 해결할 수 있다고 생각하지 않습니다. 자신이 할 수 있는 부분과 할 수 없는 부분을 구분하고, 부족한 부분에 대해서는 다른 사람의 도움을 받거나 차근차근 배우면서 나아갑니다. 오히려 자신의 부족함을 인정함으로써 더 큰 성장을 이룰 수 있다는 믿음을 가지고 있는 것이지요. 삶의 가장 중요한 순간에, 추상적인 꿈보다는 현실적인 해결책을 찾을 줄 아는 사람입니다.

Jul 14th

 플록스 Phlox - 온화

온화함은 강함보다 더 큰 힘을 가진다. 미상

◇◇◇◇◇◇

온화한 사람은 주변에 평화로운 에너지를 전파하는 사람입니다. 과장된 감정이나 극단적인 반응을 자제하며, 항상 차분하고 부드러운 태도로 상황을 맞이합니다. 말과 행동에서 온화함이 묻어나며, 그 존재만으로도 주변 사람들에게 안정감을 줍니다. 타인의 감정을 세심하게 배려하고, 다른 사람들의 무례함이나 불편한 행동에 대해 지나치게 반응하기보다는 이해하려고 합니다.

그들은 자신이 원하는 것보다는 다른 사람의 필요를 먼저 고려하는 사람입니다. 자기희생이 아니라, 타인을 존중하는 마음에서 비롯된 것입니다. 다른 사람들의 의견에 귀 기울이며, 그들의 감정을 존중하면서도 올바른 방향으로 이끌어 가는 지혜를 가졌습니다. 그런 면에서 온화한 사람은 지도자적 성향이 있기도 합니다. 위기나 불안정한 상황에서도 차분하게 상황을 분석하고, 지나친 감정에 휘둘리지 않으며 해결책을 찾으니까요.

Jul 15th

 들장미 Austrian Briar Rose - 사랑스러움

사랑의 첫 번째 의무는 상대방에 귀 기울이는 것이다. 폴 틸리히

◇◇◇◇◇◇

사랑스러운 사람은 마음을 끌어당기는 따뜻한 매력을 가진 사람입니다. 다른 사람들을 자연스럽게 웃게 만들고, 작은 친절이나 배려로 마음을 움직입니다. 진심 어린 태도와 마음속에서 우러나오는 미소로 사람들에게 행복을 전파합니다. 말과 행동은 항상 밝은 기운을 주며, 어떤 상황에서도 낙담하지 않고 희망을 잃지 않습니다. 그래서 그들이 있는 공간은 자연스럽게 따뜻하고 편안한 분위기가 됩니다.

이러한 성품을 가진 사람은 타인을 배려하며, 다른 사람의 감정을 세심하게 살핍니다. 누군가 기분이 좋지 않거나 힘든 일을 겪고 있을 때, 그 사람을 진심으로 위로하고 따뜻한 말을 건네기도 합니다. 그들의 배려는, 자신이 존중받고 있다는 느낌을 갖게 합니다. 자신만의 특별한 방식으로 주변 사람들을 돌보고, 그들의 존재가 얼마나 소중한지를 일깨워 줍니다. 기쁨과 슬픔을 함께 나누며, 진정한 행복을 선사하는 존재입니다.

Jul 16th

 비단향꽃무 Stock - 영원한 아름다움

모든 것에는 아름다움이 있으나, 모든 사람이 그 아름다움을 보지는 못한다. 공자

◇◇◇◇◇◇

우리가 진정으로 아름다움을 느끼는 순간은, 누군가의 따뜻한 미소를 보았을 때, 사랑하는 사람의 손길을 느꼈을 때, 혹은 평화로운 자연에서 깊은 숨을 쉬며 자신과 하나가 되었을 때입니다. 그것은 무언가를 소유하거나, 외부의 조건에 의존하지 않습니다. 오히려 우리가 존재하는 순간, 그 자체가 아름다움이 되는 것입니다.

자연에서도 영원한 아름다움은 발견할 수 있습니다. 계절이 바뀌고, 꽃이 피고, 열매가 맺히며, 그 모든 변화 속에 시간이 쌓입니다. 변화 자체가 아름다움입니다. 자연은 우리가 어떻게든 고백할 수 없는 그 모든 것을 품고 있으며, 그 속에 담긴 비밀스러운 아름다움은 사라지지 않으니까요.

Jul 17th

 흰색장미 White Rose - 존경

남을 존경하라. 그들은 당신의 가치를 높이는 반영이다. 터마 록파

◇◇◇◇◇◇

존경은 외적인 모습이나 직위에 대한 찬사가 아니라, 그 사람이 쌓아온 경험과 내면의 성장에 대한 인정입니다. 존경을 표현하는 방법은 여러 가지가 있습니다. 어떤 이들은 말로 존경을 표현하고, 어떤 이들은 행동으로 나타냅니다. 그 사람의 삶에서 배울 점을 발견하고, 자신의 삶에 반영하려는 의지가 바로 진정한 존경의 표시입니다.

존경은 어떤 대단한 업적을 이룬 사람에게만 주어지는 것이 아닙니다. 일상에서 작은 친절을 베풀고, 어렵고 힘든 상황에서도 성실함을 잃지 않는 사람들에게도 존재할 수 있습니다. 존경의 본질은 외적인 성공이나 지위에 있지 않고, 그 사람의 마음과 태도에 있기 때문입니다.

Jul 18th

 이끼 장미 Moss Rose - 가련함

우리가 홀로 외로이 있을 때는 당당한 자부심 따위는 그림자도 없이 사라진다. 볼테르

◇◇◇◇◇◇

사람들은 때로 세상과 단절된 듯한 외로움을 경험합니다. 그 외로움은 다른 사람들이 알지 못하는 나만의 고통이지만, 그 고통이 너무 커서 스스로 어떻게 해야 할지 모를 때가 많습니다. 그런 순간, 마음은 쉽게 움츠러들고, 더 움켜잡을 수 있는 희망이 없어 보일 때도 있습니다.
그때 필요한 것은 그 고통을 이해하고 공감해 주는 손길입니다. 우리가 진정 필요로 하는 것은 사람들의 따뜻한 위로와 이해일지도 모릅니다.

Jul 19th

 백부자 Aconite - 아름답게 빛나다

단 한 사람밖에 없는 자신을, 단 한 번밖에 없는 일생을 진심을 다해 살지 않는다면 인간으로 태어난 보람이 없지 않을까. - 야마모토 유조

◇◇◇◇◇◇

아름답게 빛나는 삶은 어떤 것일까요.

어떤 사람은 창의적인 작품으로, 어떤 사람은 따뜻한 미소로, 어떤 사람은 겸손한 일상에서 빛을 발합니다. 중요한 것은 그 빛이 자신만의 독특한 방식으로 세상에 영향을 미친다는 것입니다. 진정한 아름다움은 다른 사람에게 감동을 주고, 그 사람의 마음도 변화시키니까요.

아름답게 빛나는 삶을 살기 위해서는, 자신을 사랑하고 존중하는 것이 중요합니다. 자신의 약점과 강점을 이해하고, 성장하려는 노력이야말로 내면의 빛을 발견하는 과정입니다. 삶의 매 순간을 진심으로 살아가며, 어떤 일이든 진지하게 임하는 자세가 바로 그 빛을 만들어 냅니다.

Jul 20th

 가지 Egg Plant - 진실

세상에 존재하지 않는 것은 존재하지 않는다. 세상에 존재하는 것은 존재한다.
세상은 진실이다. 융

◇◇◇◇◇◇

진실을 따르는 삶의 첫 번째 이유는 자기 자신과 일치하는 삶을 살기 위해서입니다. 진실한 사람은 자신의 감정, 생각, 믿음을 솔직하게 인정하고 표현합니다. 솔직하게 사는 것은 불안이나 갈등을 줄여주고, 자신이 누구인지에 대한 확신을 줍니다. 그렇지 않으면, 삶은 불안을 초래하고, 결국 자신을 잃어버릴 위험이 큽니다.

진실한 삶은, 삶의 본질을 되돌아보게 하고 무엇이 중요한지를 명확하게 해줍니다. 진실을 따르는 사람은 가식 없이 자신의 꿈과 목표를 추구하며, 삶에 대한 깊은 열정과 의미를 발견합니다. 그런 삶은 자신만의 가치관과 원칙을 따라 살아가므로 그 자체로 충만하고 만족스럽습니다.

Jul 21st

 노랑 장미 Yellow Rose - 아름다움

고난 속의 아름다움은 가장 감동적인 아름다움이다. 에드먼드 버크

◇◇◇◇◇◇

아름다움은 감동적이고, 우리를 변하게 하는 힘이 있습니다. 예술 작품이든, 한 사람의 말이나 행동이든 그것이 진심에서 우러나면 그 아름다움에 깊이 끌립니다. 아름다움은 외적인 것이나, 어떤 순간에만 존재하는 것이 아닙니다. 우리의 삶의 태도와 관계 속에서 지속적으로 만들어지고 발견됩니다. 서로에게 보여주는 사랑과 배려, 세상에 대한 깊은 감사를 통해, 그 아름다움을 더욱 풍성하게 만들어갈 수 있습니다.

Jul 22nd

 패랭이꽃 China Pink - 사모

사모하는 마음은 사랑의 시작이다. 미상

◇◇◇◇◇◇

사모란, 깊고 순수한 마음으로 누군가를 그리워하고 사랑하는 감정입니다. 마음속 깊은 곳에서 느껴지는 아련함과 갈망을 동반합니다. 특정한 대상에 대한 집착이나 욕망이 아니라, 깊은 존경과 경외심 그리고 그리움의 감정입니다.

이러한 감정은 시간이 지나도 변치 않는, 오히려 더 깊어지는 감정입니다. 그 사람을 위해 무엇이든 할 수 있을 것 같고, 그 사람과의 만남을 기다리는 마음은 언제나 설렘과 함께합니다. 사모는 그리움뿐만 아니라, 상대방의 행복을 진심으로 바라는 마음도 함께 포함됩니다. 상대방의 삶에 진심으로 행복을 기원하는 순수한 마음입니다.

Jul 23rd

 장미 York & Lancaster Rose - 열정적인 아름다움

열정은 내면의 아름다움을 외부로 드러내는 힘이다. 미상

◇◇◇◇◇◇

예술가가 작업실에서 밤새 그림을 그리거나, 땀을 흘리며 춤을 추거나, 글을 쓰는 과정에서 우리는 그들의 열정이 담긴 아름다움을 느낍니다. 그들이 창조하는 것은 단지 결과물이 아닌 열정이 깃들어 있습니다. 자신이 하는 일에 온 마음을 담아내고, 그 에너지는 마치 불꽃처럼 타오릅니다. 자신의 목표나 꿈을 향해 달려가는 사람들은 주변의 시선이나 어려움에 신경 쓰지 않습니다. 자기 자신을 믿고 때로는 주변의 기대를 뛰어넘으며 열정을 쏟아내는 모습, 그 자체가 하나의 아름다움입니다.

Jul 24th

 ## 연령초 Trillium - 그윽한 마음

사랑은 화관에 머무는 이슬처럼 청순한 얼의 그윽한 곳에 머문다. F.R.와 뮈네

그윽한 마음은 겉으로 드러나는 강한 감정의 표출이 아니라, 내면의 깊은 곳에서 우러나오는 정서입니다. 사랑하는 사람을 향한 마음이 격렬하거나 극적인 방식으로 표현되지 않고, 조용하고 부드럽게 흐른다면 그것이 바로 그윽한 마음입니다. 어떤 일이든 신중하게 생각하고 순간의 감정에 휘둘리지 않으며, 깊이 있는 사유와 성찰을 통해 마음을 표현합니다.

이러한 마음은 타인을 향한 섬세한 배려와 이해에서 시작됩니다. 상대방의 마음을 잘 헤아리고, 먼저 챙기려는 마음입니다. 어떤 사람들은 자신의 마음을 드러내지 않지만, 그들은 항상 주변을 살피며 필요한 순간에 조용히 도움의 손길을 내밉니다. 말보다 행동으로, 때로는 작은 제스처나 세심한 관심을 통해 드러납니다.

Jul 25th

 말오줌나무 Elder-Tree - 열심

천천히 가더라도 멈추지 않으면 반드시 목적지에 도달할 것이다. 공자

◇◇◇◇◇◇

지금의 노력은 결코, 헛되지 않아요.
어떤 일이든 처음에는 쉽지 않아요.
잠시 멈추어도 괜찮아요.
너무 열심히 달려가다 보면 지칠 수 있어요. 잠시 쉬어가는 것도 하나의 중요한 과정이에요.
자신을 돌보는 것도 중요하다는 걸 잊지 말아요.
어떤 일이든 천천히 가도 괜찮아요.
세상은 속도보다는 방향이 중요해요. 조급해하지 말고, 자신의 걸음을 믿고 가세요.
이미 충분히 잘하고 있어요.

현재를 열심히 살아가는 사람에게 힘든 여정이 헛되지 않았음을, 그들이 걸어가는 길이 올바른 방향임을 알려주고 싶습니다.

Jul 26th

 향쑥 Wormwood - 평화

평화는 마음의 상태이며, 이는 우리의 결심에서 비롯된다. 헨리 워드 비처

◇◇◇◇◇◇

마음의 평화를 얻기 위한 첫 번째 단계는 자신을 이해하는 것입니다. 우리가 느끼는 감정, 생각 그리고 갈망을 있는 그대로 바라보며 그것들을 억지로 밀어내거나 부정하지 않는 것입니다. 이를 통해 마음 깊은 곳에 숨겨진 불안이나 두려움을 마주하고 그것을 받아들이는 힘을 키울 수 있습니다. 자신을 있는 그대로 받아들이는 마음이 평화로 이어지기 때문입니다.

다음으로 중요한 것은 현재에 집중하는 것입니다. 우리는 과거의 후회나 미래의 불안에 마음을 빼앗깁니다. 마음의 평화는 현재에 집중하고, 지금을 살아가는 데서 비롯됩니다. 하루하루를 온전히 살고 작은 기쁨을 느끼며, 지금의 순간을 감사하는 마음이야말로 평화로운 마음을 만든다고 할 수 있습니다. 마음의 평화는 한 번에 얻어지는 것이 아니라, 꾸준히 노력해야 하는 과정입니다. 매일매일 조금씩 쌓이면 마음속의 소란스러움이 점차 잦아들고, 그 자리에 깊은 평화가 자리 잡게 될 것입니다.

Jul 27th

 제라늄 Geranium - 진실한 애정

진실한 사랑은 말에 있지 않고 행동에 있으며 그런 사랑만이
우리에게 진정한 지혜를 줍니다. 톨스토이

◇◇◇◇◇◇

사람은 누구나 완벽하지 않지만, 그 불완전한 부분조차 사랑할 수 있는 마음입니다. 실수나 약점을 감싸고, 그 사람의 잘못된 점마저도 이해하려는 태도입니다. 진심과 배려가 중요합니다. 어떤 상황에서도 상대방을 위해 최선을 다하려는 마음, 그들의 감정을 헤아리고, 필요로 하는 것을 먼저 생각합니다.

이러한 마음은 하루아침에 만들어지지 않습니다. 시간을 두고 쌓여가는 신뢰와 경험에서 비롯됩니다. 매 순간의 약속을 지키고, 서로의 기대에 부응하려는 노력이 그 애정을 더욱 진실하게 만듭니다. 진실한 애정은 기대나 조건 없이 주어집니다. 사랑을 주는 사람은 어떤 대가를 바라지 않고, 그저 상대방의 행복을 바라는 마음뿐입니다. 상대방에게 무엇을 얻으려는 것이 아니라, 상대방이 행복할 수 있도록 도와주는 것입니다.

Jul 28th

 술패랭이꽃 Dianthus Superbus - 언제나 사랑

사랑하는 것이 인생이다. 기쁨이 있는 곳에 사람과 사람 사이의 결합이 있는 곳에 또한 기쁨이 있다. 괴테

◇◇◇◇◇◇

사랑하는 마음은 조건 없이 주어지는 사랑입니다. 상대방이 어떤 상황에 있든, 어떤 실수를 하든, 있는 그대로 받아들이는 마음입니다. 상대방을 배려하고 이해하려는 마음이며, 서로가 필요로 할 때 지원하고 도와주는 행동으로 나타납니다. 상대방이 힘들 때 그 아픔을 함께 나누며, 기쁨이 있을 때는 그 기쁨을 두 배로 나누고 싶어 하는 마음입니다.

진정한 사랑은 자기 자신을 사랑하는 것에서 시작됩니다. 자기 존중이 있어야 타인을 진심으로 사랑할 수 있으니까요. 타인을 사랑하는 마음이 강한 사람은 그만큼 자기 자신을 아끼고 존중하는 법도 알고 있습니다.

Jul 29th

 선인장 Cactus - 불타는 마음

인간은 살아있기 위해 무언가에 대한 열망을 간직해야 한다. 마가렛 딜란드

◇◇◇◇◇◇

이러한 열정은 자신이 좋아하는 일을 할 때나 사랑하는 사람과의 관계에서, 혹은 자신이 믿는 가치나 목표를 향해 나아갈 때 더욱 두드러집니다. 자신의 에너지와 시간을 아낌없이 투자하며, 그 과정에서 얻는 모든 경험과 성취가 중요한 의미로 다가옵니다. 온 마음을 다해 몰입하고 이루고자 하는 목표를 향해 끊임없이 달려가는 마음입니다.

Jul 30th

🌿 서양종 보리수 Linden - 부부애

진정한 사랑은 서로 완벽함을 추구하는 것이 아니라, 함께 성장하는 것이다. 사넌 L. 알더

◇◇◇◇◇◇

사람들은 흔히 부부란 서로를 끊임없이 바라보는 사이라고 생각합니다. 하지만 진짜 긴 여정 속의 부부는, 같은 방향을 바라보는 것입니다. 서로를 끌어당기거나 통제하지 않으면서, 자기 자리에서 묵묵히 함께 자라는 것. 그것은 애틋함보다 단단함에 가깝고, 열정보다 지속에 가깝습니다. 진정한 부부애는 흔들릴 때마다 같은 쪽으로 기울 수 있는 용기이며, 서로가 서로의 침묵을 견뎌 낼 수 있는 신뢰입니다. 그리고 시간이 지날수록 '말하지 않아도 알 것 같은' 무언가가 아니라, '말하지 않아도 괜찮은' 무언가가 되는 일입니다.

서로를 바꾸려 하지 않고, 조금씩 닮아가는 과정. 그런 것들 속에서 부부애는 자라납니다. 함께 걷는다는 것은 같은 걸음이 아니라, 서로의 속도에 맞춰 멈출 줄 아는 능력입니다. 한 사람이 지칠 때, 다른 한 사람은 그저 묵묵히 옆에 있어 주는 것입니다. 소란스럽지 않고 눈부시지도 않지만, 계절 위에 계절을 쌓아 올립니다.

말없이 곁에 있다는 것. 함께 늙어간다는 것. 그리고 그 모든 시간의 결을 조용히 공유하는 것. 그것을 '부부애'라고 부릅니다.

Jul 31st

 호박 Pumpkin - 광대함

우리의 가능성은 무한하다. 한계를 만드는 것은 우리의 두려움뿐이다. 필립 브룩스

◇◇◇◇◇◇

광대한 상상은 무한한 가능성의 세계로 인도합니다. 현실에서는 불가능한 것들이 상상의 세계에서는 자유롭게 펼쳐지죠. 상상 속에서 나는 어느 곳에나 있을 수 있고, 어떤 모습도 할 수 있으며, 무엇이든 창조할 수 있습니다. 우리의 창의력과 꿈이 억제되지 않고 자유롭게 흐르는 공간입니다.

상상은 삶의 풍요로움을 더하는 요소입니다. 상상하는 것들이 현실에서 구현되지 않더라도, 상상만으로도 큰 기쁨을 느낄 수 있으니까요. 상상 속에서 우리는 자유롭게 여행을 떠나고 다른 사람들과 만나며, 새로운 경험을 쌓을 수 있습니다. 이러한 상상은 경험하지 못한 것들에 대해 호기심을 자극하고, 삶의 풍성함을 더해 줍니다. 그것은 허구나 환상이 아니라, 우리가 이루고자 하는 꿈과 가능성의 씨앗인지도 모릅니다.

성숙과 결실의 달
The Month of Maturity and Fruition

Aug 1st

 빨간 양귀비 Papaver - 위로

희망을 버리지 마라. 희망은 어둠 속에서도 빛을 발한다. 넬슨 만델라

◇◇◇◇◇◇

위로는 사람의 마음을 어루만지는 따뜻한 손길과 같습니다. 고통과 슬픔, 상처와 불안이 있을 때 그 고통을 함께 나누려는 마음입니다. 위로는 상대방의 마음을 진심으로 공감하는 것에서 시작됩니다. 누군가 힘들어할 때, 그 사람의 처지와 마음속 깊은 곳을 헤아려 보는 것입니다. 함께 시간을 보내고, 그 순간에 몰두하는 것이 얼마나 큰 위로가 되는지, 그 경험은 누구나 알고 있을 것입니다.

위로는 타인에게만 필요한 것이 아닙니다. 자기 자신을 위로하는 것 역시 중요합니다. 우리는 자신의 아픔을 외면하거나, 다른 사람을 위로하느라 자신의 슬픔을 뒤로 미루곤 합니다. 그러나 자기 자신에게 위로의 손길을 건네는 것은 중요한 일입니다. 위로가 필요할 때, 내 감정을 존중하고 스스로를 위로할 수 있는 방법을 찾아야 합니다.

Aug 2nd

 수레국화 Corn Flower - 행복

당신의 행복은 당신의 손에 달려 있다. 아리안느 드 보르주아

◇◇◇◇◇◇

행복은 어떤 느낌일까요.

행복은 한 마디로 정의하기 어려운 감정입니다. 사람마다 다르기 때문입니다. 어떤 사람에게는 따뜻한 햇살 아래에서 산책하는 것이 행복일 수 있고, 또 어떤 이는 사랑하는 사람과의 대화가 행복일 수 있습니다. 그렇지만 공통적인 점은, 행복은 마음 깊숙한 곳에서부터 우러나오는 평화로움과 기쁨이라는 것입니다.

행복은 사랑과 깊은 관계가 있습니다. 사람은 본능적으로 사랑받고, 또 사랑하고 싶어 합니다. 누군가에게 사랑받고 있다는 느낌, 그 사랑이 진심에서 우러나온 것일 때 행복감을 느낍니다. 우리는 모두 인정받고, 존중받고 싶어 하며 이를 통해 자신의 존재 가치와 의미를 깨닫습니다. 그래서 타인의 인정이 있으면, 그 감정은 곧 행복으로 이어집니다. 자신이 잘하고 있다는 확신, 세상과의 조화로운 관계에서 오는 편안함은 행복의 중요한 부분입니다.

Aug 3rd

 수박풀 Flower of Hour - 아가씨의 아름다운 자태

젊은 여자는 아름답다. 그러나 늙은 여자는 더욱 아름답다. 휘트먼

◇◇◇◇◇◇

젊은 아가씨의 아름다운 모습은 보는 이에게 신선한 감동을 안겨줍니다. 외모에서 오는 시각적 즐거움을 넘어서, 그 사람의 내면에서 우러나오는 에너지와 자신감을 엿볼 수 있기 때문입니다. 이러한 모습을 보면 감탄과 경외의 감정이 동시에 일어납니다. 그녀의 미소나 눈빛, 자연스러운 움직임 속에서, 젊음의 아름다움은 더욱 강렬하게 다가옵니다.

그런데 그 아름다움을 보면서 내면의 아름다움도 궁금해집니다. 겉모습에 드러난 아름다움은 전체적인 아름다움의 일면에 지나지 않으니, 그 사람의 인격과 삶의 태도가 궁금한 것이지요. 겉으로 드러나는 아름다움과 내면의 깊이가 함께 조화를 이룰 때, 더욱 빛나는 것이니까요.

Aug 4th

옥수수 Corn - 재보

가장 큰 보물은 우리가 이미 가지고 있는 것들이다. 페르시아 속담

◇◇◇◇◇◇

귀중한 보물은 물질적인 것보다 무형적인 가치와 깊은 관계가 있습니다. 물론 물질적인 보물이 순간적인 행복이나 안정을 줄 수 있지만, 삶을 풍요롭게 하는 것은 인간관계와 내면의 성장입니다. 이 보물들은 시간이 지나면서 그 가치가 더욱 깊어지고, 우리가 나누는 사랑, 경험이 삶의 의미와 맞닿아 있습니다.

사랑은 우리가 생각하는 가장 귀중한 보물 중 하나입니다. 가족, 친구, 연인과의 관계는 살아가는 동안 가장 큰 의미를 지닙니다. 우정과 신뢰를 바탕으로 한 관계는 힘들고 어려운 시기에 버팀목이 되어 주며, 서로 나누는 마음에서 큰 위로와 행복을 느낄 수 있습니다.

또 하나의 귀중한 보물은 바로 자기 자신입니다. 자신을 이해하고 사랑하는 능력은 인생에서 가장 큰 보물일 수 있습니다. 자신을 돌보고 성장시키는 과정은 내면의 평화와 만족을 가져다주니까요.

Aug 5th

 히스 Heath - 고독

강한 사람은 가장 훌륭하게 고독을 견뎌낸 사람이다. 쉴러

◇◇◇◇◇◇

고독한 마음은 자신이 사라져가는 듯한 느낌을 안겨줍니다. 주변 사람들이 말을 건네고 함께 시간을 보내도, 빈자리가 채워지지 않습니다. 그 빈자리는 사람들과의 교감이 부족하거나, 감정적으로 이해받지 못하는 상황에서 생겨나는 공허함입니다. 누군가의 부재가 아니라, 소외된 마음의 상태입니다. 아무리 많은 사람이 웃고 떠들어도 고독한 마음은 여전히 그 자리에 머물고 있습니다.

고독은 부정적인 감정만은 아닙니다. 때로 자기 자신과 마주하는 시간이기도 합니다. 내면의 목소리를 듣고, 자신을 돌아보는 기회를 가질 수 있습니다. 고독 속에서 경험하는 자기 성찰은 내 인생의 방향을 다시 설정하는 계기가 되기도 하니까요.

고독이 가르치는 것은, 우리가 세상과 연결되는 진정한 방식이 무엇인지를 깨닫는 과정입니다.

Aug 6th

 능소화 Trumpet Flower - 명예

명예는 마음에 의해 결정되며, 매 순간이 그에 대한 시험이다. 토마스 제퍼슨

명예는 외부에서 부여받은 칭찬이나 인정만을 의미하는 것이 아니라, 자신에 대한 존중과 내면의 도덕적 기준을 나타냅니다. 그 자체로 매우 중요한 가치를 지니지만, 때로는 부담이 되기도 하고, 지나치게 집착하면 진정성을 잃을 위험도 존재합니다.

명예는 자기 자신에 대한 존중과 자부심에서 시작됩니다. 자신의 삶을 스스로 자랑스럽게 여기는 사람이야말로, 다른 사람들에게도 긍정적인 영향을 미칠 수 있습니다. 내면의 정직함과 도덕적인 기준을 지키며 살아가는 사람은, 어떤 외적인 인정 없이도 자신에게 명예로운 사람이 될 수 있습니다.

Aug 7th

 석류 Pomegranate - 원숙한 아름다움

사람은 나이를 먹는 것이 아니라, 좋은 포도주처럼 익는 것이다. 필립스

◇◇◇◇◇◇

원숙한 아름다움은 인생의 풍파와 기쁨을 겪으며 얻어진 깊이에서 나오는 매력입니다. 나이가 들면, 내면에서 풍기는 온화함과 여유가 아름다움으로 변합니다. 이 빛은 자신이 겪어온 세월과 경험이 녹아든, 타고난 아름다움을 넘어서 그 사람을 더욱 특별하게 만듭니다.

젊음의 아름다움이 화려한 외모나 눈에 띄는 특징에 의존한다면, 원숙한 아름다움은 절제와 우아함을 내포합니다. 그것은 내면의 깊이와 성숙함에서 스며 나오는 것입니다. 겉모습에서 뭔가를 과시하지 않더라도, 자연스럽고 편안한 태도로 사람들을 끌어당깁니다. 살아온 시간과 경험이 만들어낸 고유한 매력입니다. 젊은 시절의 화려함과는 다른, 침묵 속에서 우러나는 아름다움입니다.

Aug 8th

 진달래 Azalea - 사랑의 희열

사랑이 아름다운 이유는 기억을 추억으로 만들어 준다는 것입니다. 바이런

◇◇◇◇◇◇

깊고 뜨거운 감정이 불꽃처럼 피어나는 순간에 느껴지는, 마음의 설렘과 기쁨입니다. 사랑하는 사람과 함께하는 순간, 또는 그 사람에 대한 강렬한 감정이 마음에 가득 차오를 때 경험하는 기쁨과 행복입니다. 상황에서 오는 기쁨을 넘어서, 내면 깊숙한 곳에서부터 솟구치는 감정입니다.

두 사람 사이에 흐르는 감정의 전율은, 마치 두 개의 별이 서로에게 끌려가는 듯한 신비로움을 담고 있습니다. 이때, 사랑의 감정은 마치 내 존재가 다른 사람과 하나가 되는 듯한 느낌을 줍니다. 그 연결이 주는 감동은 무엇과도 바꿀 수 없는 기쁨을 선사하니까요.

상대방을 있는 그대로 받아들이고, 서로의 부족함과 장점을 이해하는 과정에서 오는 기쁨은 특별합니다. 사랑은 사람을 더 성숙하게, 더 따뜻하게 만들어 주는 힘이 있습니다.

Aug 9th

 시스터스 Cistus - 인기

인기는 사람들이 너를 좋아하는 것이고, 명성은 사람들이 너를 기억하는 것이다. 제이 레노

◇◇◇◇◇◇

인기 있는 사람은 다정하고 친근한 태도를 가지고 있습니다. 그들은 누구와도 쉽게 친해지고, 타인을 편안하게 만듭니다. 사람을 소중히 여기고 존중하는 태도는 상대방에게 긍정적인 인상을 주며, 그런 친근함은 자연스럽게 사람들을 끌어당깁니다. 또한 상대방이 이해하기 쉽게 자신을 표현할 줄 알며, 때로는 유머 감각으로 사람들을 즐겁게 만듭니다.

그런 사람은 자신의 업적이나 장점을 내세우지 않고, 겸손하게 행동합니다. 오히려 주변 사람들을 존중하고 그들의 공로를 인정합니다. 그래서 때로 리더십을 발휘하며, 주위 사람들에게 자연스럽게 영향력을 미칩니다. 이런 책임감과 지도력은 사람들에게 신뢰감을 주며, 존경받는 이유 중 하나가 됩니다.

Aug 10th

 이끼 Moss - 모성애

모든 사랑은 여기서 시작되고 끝난다. 로버트 브라우닝

◇◇◇◇◇◇

모성애는 희생적인 사랑으로도 잘 알려져 있습니다. 자녀의 행복과 안전을 위해 자신의 시간, 에너지, 심지어 꿈까지도 희생할 준비가 되어 있습니다. 자녀가 어떤 잘못을 하거나 실수해도 조건 없이 사랑을 주며, 그들의 존재 자체를 받아들이고 존중합니다. 자녀가 기대를 넘지 못하거나 실망을 준다고 해도 어머니의 사랑은 변하지 않습니다. 자녀의 성장과 행복을 위해 끊임없이 노력하고 헌신하는 힘입니다.

Aug 11th

 빨강무늬제라늄 Geranium zonal - 위안

우리가 잃는 것은 새로운 것을 얻기 위한 공간을 만드는 것이다. 에크하르트 톨레

◇◇◇◇◇◇

위안을 주는 사람은 상대방의 감정을 이해하고 공감하는 능력이 뛰어납니다. 상대방이 겪고 있는 고통이나 슬픔을 자신의 감정처럼 느끼고, 그것을 진심으로 이해하려고 노력합니다. 이러한 사람은 어려운 상황에서도 희망을 잃지 않도록 돕습니다. 힘든 시기를 지나고 있는 사람에게, 작은 기쁨이나 변화를 찾아내, 그 속에서 희망의 빛을 볼 수 있도록 도와줍니다. 회복할 수 있다는 믿음을 주고, 다시 일어설 수 있도록 지원해 주는 것입니다. 위안을 주는 사람은 그 사람의 감정에 깊이 공감하고, 진심으로 그들의 아픔을 함께 나누며 안정감과 평화를 전달하는 존재입니다.

Aug 12th

 협죽도 Oleander - 위험

위험을 감수할 용기가 없다면 인생에서 아무것도 이루지 못할 것이다. 무하마드 알리

◇◇◇◇◇◇

위험을 감수하는 사람은 도전 정신이 강한 사람입니다. 그들은 자신이 선택한 길이 위험하거나 불확실하다는 것을 알면서도, 새로운 것을 시도하려는 대담함을 보여줍니다. 현재의 안전보다는 미래의 가능성에 집중하기 때문에 장기적인 목표와 비전을 보고 나아갑니다. 위험을 감수하는 행동은 일종의 투자로, 그들은 언젠가는 이 위험이 큰 보상이나 성취로 이어질 것이라고 믿습니다.

그들은 실패에 대한 두려움보다 실패에서 배우는 것이 중요하다고 생각합니다. 위험을 감수할 때는 언제나 실패의 가능성이 따르지만, 실패를 실패로 보지 않고 자신을 더 강하게 만드는 과정으로 인식합니다. 전통적인 방법이나 규범에 얽매이지 않고, 새로운 방식으로 문제를 해결하려고 하며 기존의 질서에 도전하는 혁신적인 변화를 이끌어갑니다.

Aug 13th

 골든 로드 Goldenrod - 경계

경계를 세우는 것은 자기 존중의 표현이다. 브레네 브라운

◇◇◇◇◇◇

타인과 나 사이의 경계는 무엇보다 자기 존중을 위한 첫걸음입니다. 경계가 없으면, 타인의 요구나 기대에 휘둘려 자아를 잃거나, 자신을 소중히 여기지 않는 상황에 빠질 수 있습니다.

서로의 공간, 감정, 생각을 존중하는 것은 건강한 관계의 기본입니다. 자기 자신과 타인을 존중하는 경계가 없다면, 상대방의 의도와 무관하게 오해나 상처가 생길 수 있습니다. 또한 경계는 정서적 분리를 의미하기도 합니다. 이는 타인의 감정이나 상태가 나에게 영향을 미치지 않도록 하는 것인데, 타인의 감정에 지나치게 동조하거나 자신의 감정을 타인에게 의존하는 경향을 피할 수 있습니다. 타인과 나의 경계를 세우는 것은 스스로 내 감정을 책임지며, 타인의 감정을 그들의 책임으로 두는 것입니다.

Aug 14th

 월저먼더 Wall Germander - 경애

위대한 사람을 경애하는 것은 그 사람을 닮아가려는 첫걸음이다. 플루타르코스

―――

경애는 존경의 감정을 넘어서 그 사람의 도덕성, 업적 또는 인격에 대한 깊은 경외가 동반됩니다. 어떤 사람을 경애할 때, 그 사람의 말이나 행동에 의문을 품지 않고 존재 자체를 신성하게 여기거나 고귀하게 여기는 마음입니다. 실수나 결점을 가질 수 있음에도 불구하고, 본질에 대한 변함없는 신뢰와 존중의 마음을 가지는 것입니다.

이 마음은 단순히 특정 개인에게만 느끼는 감정이 아닙니다. 고귀한 이상이나 목표에 대한 동경으로 나타날 수도 있습니다. 위대한 철학자나 사상가, 자연의 법칙을 이해하고자 하는 과학자들, 인류의 복지를 위해 활동을 하는 사람들에 대해서도 우리는 경애하는 마음을 느낍니다.

Aug 15th

 해바라기 Sunflower - 광휘

자신의 빛을 감추지 마라. 세상은 네가 빛나길 기다리고 있다. 마리안 윌리엄슨

◇◇◇◇◇◇

그대의 빛이 누군가에게 희망이 되고, 길을 밝히는 등불이 될 수도 있습니다. 때로는 구름이 해를 가릴지라도, 해는 여전히 그 자리에서 빛나고 있음을 잊지 마세요. 그러니 주저하지 말고 그대만의 색으로 세상을 물들이며 나아가기를. 그대가 빛날수록, 그대를 바라보는 사람들도 용기를 얻고 자신의 빛을 찾게 될 것입니다. 세상은 빛을 두려워하지 않습니다. 오히려 더 많은 빛을 원하고, 그 빛으로 더욱 아름다워집니다. 그러니 그대 안에 숨겨진 가능성과 열정을 마음껏 펼쳐 보세요.

Aug 16th

 타마린드 Tamarind - 사치

풍요 속에서 절제를 모르면, 결국 풍요도 사라진다. 키케로

◇◇◇◇◇◇

사치의 본질은 필요 이상의 것을 추구하는 데 있습니다. 우리는 기본적인 생필품이나 실용적인 물건들을 소비하며 살아가지만, 사치는 그것을 넘어서 자신의 감각적 욕구나 사회적 이미지를 위해 불필요하게 많은 자원을 사용하는 행위입니다. 사치의 중심에는 자아 존중과 자기 과시라는 심리적 동기가 숨어 있습니다. 사람은 본능적으로 누구보다 특별해지고 싶어 하니까요.

소비의 과도함이 내면의 결핍을 채워주지 않기에, 사치가 반드시 행복을 가져오는 것은 아닙니다. 진정한 행복은 소박하고 절제된 삶 속에서도 찾을 수 있습니다.

Aug 17th

 튤립나무 Tulip-Tree - 전원의 행복

꽃이 피는 것을 보고 기뻐할 수 있다면, 당신은 이미 행복한 사람이다. 오스카 와일드

◇◇◇◇◇◇

자연은 우리에게 내면의 평화를 선물합니다. 도시에서의 번잡함과 스트레스가 우리를 지치게 할 때, 자연은 그 모든 무게를 덜어주니까요. 고요한 숲속, 넓은 바다의 파도 소리, 별이 빛나는 밤하늘을 바라보면 시간이 멈춘 듯 평화를 느낍니다. 자연은 무의식적으로 쌓은 긴장과 스트레스를 풀어주는 치유의 힘을 가지고 있습니다. 그저 자연과 함께하는 순간만으로도 마음의 평안을 찾고, 어떤 걱정도 잠시 잊게 됩니다. 자연은 우리의 감각을 깨우고, 삶의 본질에 대한 깊은 깨달음을 선물합니다. 그 자체로 단순하면서도 풍요로운 존재입니다.

Aug 18th

 접시꽃 Holly Hock - 열렬한 사랑

열렬한 사랑은 모든 장애물을 넘어설 수 있는 힘을 준다. 파울로 코엘료

◇◇◇◇◇◇

열렬한 사랑은 말 그대로 심장을 뛰게 하는 감정입니다. 매일 그 사람을 생각하게 되고, 작은 행동 하나하나에 감동하거나 설렘을 느낍니다. 그 사람의 목소리, 얼굴, 웃음이 모두 매력적으로 다가오고 세상이 온통 그 사람으로 가득 찬 듯합니다. 자신의 시간을 내어주고 에너지를 쏟으며, 때로는 자신을 희생할 마음도 있습니다. 하지만 이 사랑은 때로 강한 소유욕과 집착으로 변할 수도 있습니다. 자기중심적일 수 있으며, 상대방이 자신에게서 멀어지는 것처럼 느껴지면 불안하고 초조해집니다. 그만큼 사랑이, 소유하고자 하는 욕망으로 변질될 위험도 존재하는 것입니다.

Aug 19th

 우단동자꽃 Rosa Campion - 성실

성실은 최고의 기회이다. 기회는 성실한 사람에게 찾아온다. 윌리엄 셰익스피어

◇◇◇◇◇◇

무엇을 시작할 때, 처음에는 누구나 의욕이 넘칩니다. 하지만 시간이 지나면 지치기 마련입니다. 그럴 때, 성실한 사람은 포기하지 않고 꾸준히 자신의 길을 걸어갑니다. 바로 성실의 힘입니다. 성공은 단 한 번의 기회나 특별한 순간에 의해서가 아니라, 매일의 작은 실천과 노력이 쌓여 이루어집니다.

성실함은 단기간에 성과를 가져오지 않습니다. 시간이 지나면서 큰 변화를 만들어냅니다. 성실은 때로 특별한 주목을 받지 못할 수도 있습니다. 하지만 묵묵히 그러나 확실히 이루어지는 결과를 만들어냅니다. 결과가 아닌 과정에서 진정한 가치를 찾게 되는 중요한 삶의 원칙입니다.

Aug 20th

 프리지아 Freesia - 순결

순결함은 단순히 신체적 상태가 아니라, 마음과 영혼의 상태이다. 앤디 워홀

◇◇◇◇◇◇

순결한 마음이란, 자유롭고 맑은 마음을 의미합니다. 어떤 오염된 감정이나 부정적인 생각도 없이, 순수함과 선한 의도로 가득 찬 마음입니다. 이기심이나 욕망, 시기와 질투 등 인간의 어두운 감정에 의해 영향을 받지 않으며 타인을 배려하고 사랑하는 마음이 중심입니다. 자기 자신을 있는 그대로 받아들이고 타인을 존중하며, 긍정적이고 순수한 시선으로 세상을 바라봅니다.

Aug 21st

 짚신나물 Agrimony - 감사

감사는 마음의 꽃이다. 그것은 곧바로 삶을 아름답게 만든다. 윌리엄 아서 워드

◇◇◇◇◇◇

우리가 가진 것, 경험한 것, 만난 사람들 모두가 어떤 방식으로든 우리 삶에 영향을 미쳤다는 사실을 깨닫는 순간, 감사의 마음은 일어납니다. 흔히 지나치는 작은 것들, 햇살이 따뜻하게 비추는 아침, 건강한 몸, 사랑하는 사람들의 따뜻한 말 한마디에서도 시작됩니다.

감사한 마음을 유지하기 위해서는 일상에서 실천하는 노력이 필요합니다. 매일 아침 눈을 뜨고 하루의 시작에, 작은 것에 대한 감사를 생각해 보세요. 오늘도 건강하게 살아가는 것, 사랑하는 이들과 함께 있는 것, 오늘을 살아갈 기회가 주어진 것에 대해.

Aug 22nd

 조팝나무 Spiraea - 노력

가장 어려운 일은 결정을 내리는 것이고, 두 번째로 어려운 일은 그 결정을 실행하는 일이다.
피터 드러커

인생에서 노력하는 삶은 성장과 변화, 자기 발견의 과정이며 목표를 향한 지속적인 도전입니다. 아무리 뛰어난 재능이나 조건을 가졌다고 해도, 그것만으로는 원하는 결과를 얻는 데 한계가 있습니다. 목표를 향해 꾸준히 힘을 들이고 시간을 투자하며, 자신을 발전시키려는 의지가 뒷받침될 때 비로소 목표에 가까워집니다. 노력은 자신감을 쌓고, 큰 목표를 향한 길을 더욱 분명하게 만듭니다.

많은 사람은 행복을 우연히 얻는 기회나 외부의 조건에서 찾습니다. 그러나 진정한 행복은 노력의 결과에서 비롯됩니다. 목표를 향해 꾸준히 나아갈 때, 자신의 가치를 발견하고 의미 있는 삶을 살아갈 수 있습니다.

Aug 23rd

 ## 서양종 보리수 Linden - 부부애

인생에서 가장 **붙잡을** 수 있는 것은 서로이다. 오드리 헵번

◇◇◇◇◇◇

결혼한 지 서른여덟 해. 그 세월 동안 남편은 부지런하고 검소하며 건실한 직장인으로 가정을 묵묵히 지켜온 사람입니다. 그런 그가 수술대에 올랐습니다. 무난히 끝날 거라는 담당의 말과 달리 수술은 합병증으로 인해 두 번, 세 번으로 이어졌습니다. 두 달이 넘는 병원 생활에도 호전은 더뎠고, 그도 나도 힘겨운 시간을 보냈습니다.

지금도 잊히지 않는 순간이 있습니다. 세 번째 수술을 마친 남편이 수술실을 나올 때입니다. 마취가 덜 깬 탓인지, 아니면 온몸을 짓누르는 고통 때문인지 울음 섞인 그의 신음소리가 들렸습니다.

"아파... 아파... 너무 아파..."

단 한 번도 약한 모습을 보이지 않던 그였습니다. 든든한 남편, 두 아이의 아버지로 묵묵히 버텨온 세월. 나는 괜한 서러움에 왈칵 눈물을 쏟았습니다. 그의 지난 세월이 안쓰럽고 미안했습니다.

석 달 만에 병실을 나서던 날, 그가 말합니다.

쓰러졌다 다시 일어선 나무가 바람에게 건네는 인사처럼.

-고마워.

Aug 24th

 금잔화 Calendula - 이별의 슬픔

인간의 감정은 누군가를 만날 때와 헤어질 때 가장 순수하며 가장 빛난다. 장 폴 리히터

◇◇◇◇◇◇

이별의 슬픔은 누구에게나 가슴 아픈 경험입니다. 사랑하는 사람과의 관계가 끝나면, 마음 깊은 곳에서 상실감과 고통을 느낍니다. 이 슬픔은 시간이 지난다고 해서 사라지는 것이 아닙니다. 그렇다면 이별의 슬픔을 어떻게 견뎌낼 수 있을까요.

자신의 감정을 인정하고 받아들이는 것이 첫 번째 단계입니다. 슬픔을 느끼는 것은 자연스러운 일이며, 그것을 부정하거나 억제하려 하면 더 큰 고통으로 다가올 수 있습니다. 울고 싶은 만큼 울고, 그 아픔을 느끼는 것이 회복을 위한 첫걸음입니다. 회복에는 시간이 걸립니다. 그 시간 동안 과거를 잊으려고 애쓰지 말고 자신을 돌보고 기억을 정리하면, 이별은 끝이 아니라 새로운 시작의 기회가 될 수 있습니다.

Aug 25th

 안스리움 Anthurium - 사랑에 번민하는 마음

사랑의 번민은 우리가 진정으로 사랑하고 있다는 증거이다. 제인 오스틴

◇◇◇◇◇◇

사랑은 불확실성의 미로입니다. 상대방의 마음을 확신할 수 없을 때, 사랑은 더욱 혼란스럽고, 불안한 감정을 일으킵니다. 그가 나를 정말로 사랑하는 걸까? 내 마음이 그에게 전해질 수 있을까? 이러한 질문들이 반복될 때, 마음은 불안에 휩싸입니다. 이 불확실함은 더 큰 고통이 되어 번민을 일으킵니다.

그 사람이 내게 다가와 주길 바라고 언제나 함께 있기를 원하지만, 다른 한편으로는 그 사랑이 깨질까 봐 두려움이 엄습합니다. 이 두 감정은 서로 얽히면서 번민을 심화시키고, 마음을 혼란스럽게 만듭니다. 사랑을 원하지만 동시에 그 사랑에 대한 두려움이 밀려와 마음을 흔들고 끊임없이 불안하게 합니다.

사랑에 번민하는 마음은 불확실함, 갈망, 두려움 등 복잡한 감정들이 얽히는 상태입니다. 상처받고 갈등을 겪으며, 때로는 자신과 싸우기도 하겠지만 언젠가는 진정한 사랑을 이해하게 되지 않을까요.

Aug 26th

 하이포시스 오리어 Hypoxis aurea - 빛을 찾다

삶의 빛은 당신이 내딛는 작은 발걸음에서 시작된다. 마야 안젤루

◇◇◇◇◇◇

삶의 빛은 대단한 일에서 오는 것이 아닙니다. 작은 기쁨과 감사 속에서, 아침 햇살이 창을 통해 들어오는 순간, 친구와 나누는 진심 어린 대화, 길을 걷다 마주친 한 송이 꽃, 아이들의 웃음소리에서 삶의 아름다움과 의미를 찾을 수 있습니다. 빛은 멀리 있는 것이 아닙니다. 원하는 것을 향해 나아가는 순간, 삶의 빛은 찾아옵니다. 목적을 가지고 살아가는 삶은 그 자체로 의미 있고 빛나기 때문입니다.

Aug 27th

 고비 Osmunda - 몽상

꿈꾸지 않는 자는 아무것도 얻을 수 없다. 조셉 캠벨

◇◇◇◇◇◇

몽상은 현실에서 벗어나고자 하는 일종의 도피일 수 있습니다. 세상은 때로 너무 고되고, 요구하는 것이 많습니다. 그럴 때 꿈꾸는 상상의 세계는 잠시나마 현실의 짐을 내려놓고 숨을 쉴 수 있는 공간이 됩니다. 꿈꾸는 동안, 무한한 가능성을 마주하니까요. 몽상은 단순히 우리를 즐겁게 하는 것이 아니라, 가능성을 열어주는 창이 됩니다. 하지만 때로 현실 도피의 덫이 될 수 있으니 조심해야 합니다. 꿈과 현실의 경계를 구분하지 못하면, 현실을 제대로 살아갈 수 없게 되니까요. 몽상은 현실에서 잃어버린 꿈과 희망을 되찾게 해주는 마법 같은 순간입니다.

Aug 28th

 에린지움 Eryngium - 비밀스런 애정

사랑은 때로 고백하지 않음으로써 더욱 깊어진다. 알프레드 테니슨

◇◇◇◇◇◇

조용히 흐르는 강물처럼 드러나지 않는 마음입니다. 비밀스럽다는 특성 때문에 애정을 품은 사람도 그 감정을 명확히 알지 못할 때가 있습니다. 여러 가지 이유로 숨겨지거나 억제되며, 내면에서만 존재하는 고요한 사랑의 모습입니다.

이러한 감정은 다른 사람에게 드러내기 어려운 경우가 많습니다. 존중의 마음이나 불안, 불확실성과 얽혀 있어 고백하지 않은 채로 마음속에 담아 두기 때문입니다. 자신의 감정에 대한 복잡한 갈등을 겪기도 하며, 어떤 상황에서는 그 감정으로 인해 상처가 되지 않도록 의도적으로 숨기기도 합니다. 자신을 위해, 때로는 상대를 위한 마음의 방어벽처럼 표현되지 않은 채 존재하는 감정이라고 할 수 있습니다.

Aug 29th

 꽃담배 Flowering Tabaccoplant - 그대 있어 외롭지 않네

네가 내 곁에 있으면, 세상에서 가장 고요한 평화를 느낀다. - 윌리엄 셰익스피어

◇◇◇◇◇◇

외로움은 혼자서 느끼는 감정이지만, 그것을 덜어주는 것은 바로 누군가와 함께하는 시간입니다. 그대와 함께 있는 그 순간, 함께 웃고 함께 생각을 나누고 함께 존재할 수 있다는 것은 큰 선물입니다. 외로움을 채워주는 한 줄기 빛처럼, 어둠 속에서 길을 밝혀주는 등불입니다.

그대 있어 외롭지 않네.

누군가의 존재가 주는 힘은 외로움을 지워버리고, 세상의 모든 것이 완벽하게 채워지는 느낌입니다. 나는 더 이상 외롭지 않으며, 함께하는 순간은 내가 살아가는 이유가 됩니다. 그대의 존재만으로 나는 완전해지며, 내 마음속 외로움은 사라집니다.

Aug 30th

🌿 월저먼더 Wall Germander - 담백

담백한 사람은 화려함 속에서도 자신의 본질을 잃지 않는다. 헨리 데이비드 소로

◇◇◇◇◇◇

담백한 사람은 어떤 사람일까요.
담백한 사람은 여백이 넓은 그림처럼 복잡하지 않으면서 깊이가 있는 사람입니다. 자신을 과장하지 않고 타인에게 부담을 주지 않으며, 언제나 자연스럽고 진솔한 태도를 보입니다. 또한 자기중심적이지 않고 배려하는 마음을 자연스럽게 표현합니다. 상황에 맞게 겸손하며 여유로운 태도로 다른 사람을 존중합니다. 어려운 상황에서도 크게 동요하지 않으며, 문제를 해결하기 위해 신중하게 행동합니다. 이런 성격 덕분에 담백한 사람은 다른 사람들 앞에서 늘 안정적인 모습으로 보입니다.

Aug 31st

 토끼풀 Clover - 약속

약속을 지키는 것은 자신에 대한 존중이다. 루이스 브랜다이스

◇◇◇◇◇◇

무엇을 약속할 때, 그 약속은 상대방에게 나의 믿음을 담는 것입니다. 약속을 지킨다는 것은 말이나 행동을 넘어, 상대방이 그 약속을 기대할 수 있도록 해주는 중요한 의미를 지닙니다. 약속을 지킬 때마다 진심과 책임감을 보여주는 것이고, 그것이 신뢰를 쌓는 기초가 됩니다. 약속은 책임감을 의미합니다. 그것을 이행하지 않으면 상대방은 실망하고 심지어 내 말을 믿지 않게 될 수도 있습니다. 따라서 약속은 내가 해야 할 일, 타인에게 지켜야 할 의무를 떠안는 일입니다. 약속을 지키는 순간, 자기 책임을 다하는 사람이 됩니다. 비록 작은 약속일지라도 그것을 지키는 것은 나의 성실함을 입증하는 일입니다.

수확과 반성의 달
The Month of Harvest and Reflection

Sep 1st

 호랑이꽃 Tiger Flower - 나를 사랑해 주세요

자신을 사랑하는 것은 평생 계속될 모험의 시작이다. 디온 포춘

◇◇◇◇◇◇

우리는 모두 사랑이 필요합니다. 하지만 그 사랑을 받기 전에, 나 자신을 사랑할 수 있어야 합니다. 많은 사람이 외부에서 오는 사랑을 갈망합니다. 사랑하는 사람, 친구, 가족에게 인정받고 그들의 마음을 얻고자 노력합니다. 하지만 외부의 사랑만으로는 채울 수 없는 공허함이 있습니다. 진정한 사랑은 내면에서 시작되니까요.
나를 사랑해 주세요.
나에게 주는 사랑의 메시지이자, 나 자신을 얼마나 소중히 여기고 있는지를 묻는 말입니다. 오늘도 나를 사랑하기 위한 작은 한 걸음을 내디뎌 봅시다.

Sep 2nd

 멕시칸 아이비 Cobaea, Mexican Ivy - 변화

변화는 피할 수 없는 것이 아니라, 성장의 기회다. 존 맥스웰

◇◇◇◇◇◇

변화가 두려운 이유는 익숙함을 좋아하기 때문입니다. 사람은 익숙한 환경에서 안정감을 느끼고, 그 속에서 안락함을 찾습니다. 변화는 이러한 안락함을 깨뜨리기 때문에 불안감과 두려움을 동반하기 마련입니다.

내 마음과 생각이 변하면 세상을 바라보는 시각도 달라집니다. 과거의 경험이나 상처에서 벗어나 긍정적이고 열린 마음으로 세상을 맞이할 때, 더 나은 사람으로 발전할 수 있습니다. 변화된 삶을 살기 위해서는 과거의 틀에서 벗어나야 합니다. 예전의 습관이나 방식이 더 이상 나에게 도움이 되지 않음을 알았다면, 새로운 길을 향해 나아가는 용기가 필요합니다.

Sep 3rd

 마거리트 Marguerite - 마음속에 감춘 사랑

가장 깊은 사랑은 때때로 말로 표현되지 않는다. 마가렛 애트우드

◇◇◇◇◇◇

사랑은 때로 말로 표현하기 어려운 감정입니다. 그것이 깊을수록, 진심일수록, 우리는 그 사랑을 숨기고 싶어 합니다. 세상에 드러내지 않으면 그 사랑은 진짜가 아닌 걸까요. 아니면, 말하지 않음으로써 그 사랑을 더 깊고 순수하게 지킬 수 있는 걸까요. 사랑하는 사람 앞에서 마음을 숨기고, 마음속으로만 그리워하는 일은 결코 쉬운 일이 아닙니다.

마음속에 감춘 사랑, 그 마음을 감추는 이유는 두려움 때문일 수도 있습니다.

Sep 4th

 뱀무 Geum - 만족한 사랑

만족스러운 사랑은 소유하는 것이 아니라 함께 성장하는 것이다. 레오 버스카글리아

◇◇◇◇◇◇

만족하는 사랑이란 무엇일까요.

그 사랑은 상대방을 바꾸려는 욕망을 내려놓는 것입니다. 사람들은 사랑하는 이를 완벽하게 만들고 싶어 합니다. 그러나 진정한 사랑은 상대방이 나와 다를 수 있음을 인정하고, 존중하는 것입니다.

사랑은 결코 완벽한 관계만을 의미하지 않습니다. 갈등과 오해가 생기기도 하고, 서로의 차이로 인해 충돌하기도 합니다. 서로를 공격하거나 피하지 않고, 진심으로 대화를 나누며 해결책을 찾으려 노력해야 합니다. 그 사람이 나에게 주는 것과 내가 그 사람에게 주는 것이 자연스럽게 흐르며, 서로의 존재가 충분히 사랑받고 있다는 느낌을 주어야 합니다.

Sep 5th

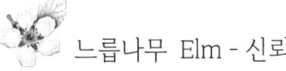 느릅나무 Elm - 신뢰

신뢰는 작은 것에서 시작하지만, 큰 것을 이룰 수 있습니다. 리처드 소렌슨

◇◇◇◇◇◇

사람들은 서로에게 신뢰를 주고받으며, 깊은 유대감을 형성합니다. 그러나 신뢰를 받는 것만큼이나, 신뢰하는 사람이 되는 것도 중요합니다. 신뢰는 자신뿐만 아니라 주변 사람들에게도 영향을 미치니까요. 그렇다면, 신뢰하는 사람이 되려면 무엇이 필요할까요.

진실성이 필요합니다. 신뢰는 진실에서 비롯됩니다. 상대방에게 신뢰를 주기 위해서는 내가 먼저 진실한 마음으로 대해야 합니다. 거짓말이나 숨기는 일이 있다면, 그 신뢰는 쉽게 무너질 수 있습니다. 언제나 솔직하고 투명하며, 자신이 느끼는 감정이나 생각을 있는 그대로 전달하려 노력해야 합니다. 또한 타인의 감정을 이해하고 존중하는 태도가 필요합니다. 타인의 감정을 무시하거나, 경시하는 태도는 신뢰를 깨뜨리니까요.

Sep 6th

 한련 Nasturtium - 애국심

애국심은 나라를 위한 희생이 아니라, 나라가 정의롭도록 만드는 것이다. 조지 오웰

◇◇◇◇◇◇

애국심은 조국에 대한 사랑을 넘어서, 국가와 사회를 위한 책임감과 소속감을 느끼는 중요한 감정입니다. 그것은 나라를 사랑하는 마음뿐만 아니라, 공동체와 더 나은 미래를 위해 힘을 모으는 태도입니다. 우리가 함께 살고 있는 사회와 국가를 위해 필요한 마음입니다. 이 마음은 우리 사회를 더욱 단단하게 만들고, 국가의 발전을 이끄는 원동력이 됩니다.

Sep 7th

 오렌지 Orange - 새색시의 기쁨

신혼은 사랑의 가장 아름다운 시작이며, 함께하는 모든 날이
새로운 기쁨으로 가득 차는 시간이다. 익명

신혼은 두 사람의 삶이 하나로 이어지는 특별한 시간입니다. 결혼이라는 큰 결정을 통해 새로운 시작을 맞이합니다. 신혼의 기쁨은 결혼식의 화려한 순간이나 일시적인 즐거움이 아니라, 서로를 향한 사랑과 존중을 바탕으로 한 깊은 연결입니다. 이 시기는 삶에 새로운 의미를 부여하고, 함께 만들어 가는 미래에 대한 기대감으로 가득 차 있습니다. 두 사람이 함께 꿈꾸는 미래가 무엇이든, 그 여정의 시작점에서 느끼는 기쁨은 무엇과도 비교할 수 없을 것입니다. 두 사람이 만들어 갈 내일에 대한 믿음과 희망의 출발점이니까요.

Sep 8th

 갓 Mustard - 무관심

무관심은 영혼이 잠들어 있는 상태이다. Ch.s. 파바르

◇◇◇◇◇◇

무관심은 마치 차가운 바람처럼 사람들 사이에 스며듭니다. 그것은 다른 사람들의 아픔이나 고통, 사회적 문제에 관심을 저버리는 마음입니다. 단지 어떤 일에 대해 신경 쓰지 않는 것이 아니라, 다른 이들의 존재나 상황에 대해 깊이 생각하지 않고 반응하지 않겠다는 의식적인 결정처럼 느껴지기도 합니다. 무수히 많은 정보와 사건들에 감정을 소모하면서, 정작 중요한 문제들에 대해 무력감을 느끼는 것입니다.

무관심을 극복하는 방법은 관심에서 시작됩니다. 타인의 삶과 감정을 존중하고, 사회적 문제에 대해 적극적으로 관심을 기울이는 태도는 무관심을 씻어내는 가장 강력한 방법입니다.

Sep 9th

 갯개미취 Michaelmas Daisy - 추억

추억은 가장 진한 감정의 향기이다. 비스키

◇◇◇◇◇◇

추억은 시간이 흐를수록 더 선명해지는 그림처럼 마음에 깊이 새겨집니다. 걸어온 길을 되돌아보게 하고, 그 길 위에서 경험한 모든 것들이 어떻게 나를 형성했는지를 알게 합니다. 지나가 버린 시간 속에서 기억하는 것은, 그때 그 순간이 얼마나 특별했는지에 대한 증거입니다. 어떤 사람과 함께 했던 작은 대화, 어느 날 우연히 마주친 풍경, 기분 좋은 날씨 속에서 걸었던 길, 그런 순간들은 평범해 보이지만 돌아보면 큰 의미를 갖습니다.

추억은 기억의 보물창고와 같습니다. 잃어버린 것들을 떠올리게 하고, 다시 그 순간을 살아갈 수 있게 해줍니다. 힘든 순간을 견디게 하고, 삶의 의미를 다시 한번 되새기게 만드니까요. 추억은 우리가 살아있다는 증거입니다.

Sep 10th

 흰색 과꽃 China Aster - 믿는 마음

믿음은 어떤 일도 가능하게 만든다. 뤼돌프 빌트만

◇◇◇◇◇◇

서로 믿는 마음은 관계의 힘입니다. 신뢰는 관계의 기초이자, 그 관계가 지속될 수 있도록 만드는 원동력입니다. 부부, 친구, 동료, 가족 간에 신뢰가 없다면 그 관계는 흔들리고 약해집니다. 부부가 서로를 믿지 않는다면, 작은 갈등도 큰 문제로 커지기 쉽습니다. 반대로 서로를 진심으로 믿고 의지한다면, 어떤 어려운 상황도 함께 극복할 힘이 생깁니다.

혼자서는 감당하기 어려운 일이 있을 때, 믿을 수 있는 누군가가 옆에 있다는 것은 큰 위로가 됩니다. 서로를 위한 든든한 버팀목입니다. 믿음은 어느 한쪽의 기대에 의한 것이 아니라, 상호 존중과 이해를 바탕으로 하여 서로를 더욱 강하게 묶어줍니다.

Sep 11th

 알로에 Aloe - 꽃도, 잎새도

길 가는 동안 내가 지치지 않게 그대의 꽃향기 잃지 않으면 고맙겠다. 이수형

◇◇◇◇◇◇

꽃도, 잎새도 각각 고유의 아름다움을 지니고 있습니다. 꽃은 화려한 색과 향기로 주변을 밝히고, 우리가 마주하는 일상에서 특별한 순간을 만듭니다. 마치 우리가 살아가며 느끼는 기쁨과 사랑처럼, 꽃은 삶의 소중한 아름다움을 상징합니다. 한편, 잎새는 그보다 덜 눈에 띄지만 더 깊은 곳에서 식물의 생명력을 지탱합니다.

꽃과 잎새는 공존과 상호 의존을 통해 존재합니다. 꽃이 피고 열매를 맺을 수 있도록 돕는 것은 잎새의 역할입니다. 꽃은 사람들에게 기쁨을 주는 존재이지만, 그 기쁨이 오롯이 꽃 자체만으로 이루어지는 것은 아닙니다. 잎새의 존재가 꽃을 떠받치고, 꽃의 존재가 잎새를 더욱 빛나게 만듭니다. 사람들 간의 관계도 마찬가지입니다. 겉으로 드러나는 사람의 역할이 있으면, 그 뒤에서 묵묵히 그 사람을 지탱하는 이들이 있습니다.

Sep 12th

 클레마티스 Clematis - 마음의 아름다움

아름다운 것은 선하다. 그러기에 선한 사람도 역시 아름다워질 것이다. 사포

◇◇◇◇◇◇

외모의 아름다움은 한순간의 시선에 그치지만, 마음의 아름다움은 오래 기억에 남습니다. 겉으로 드러나는 것과는 다른, 눈에 보이지 않지만 특별한 힘을 가지고 있습니다. 그것은 사람의 성격, 행동, 태도에서 드러나며, 그 사람을 진정으로 빛나게 만듭니다. 마음의 아름다움은 따뜻한 말 한마디, 진심 어린 배려, 상대방의 어려움을 이해하려는 노력에서 나옵니다.

Sep 13th

 버드나무 Weeping Willow - 솔직

솔직함은 신뢰의 기초다. 로버트 기요사키

◇◇◇◇◇◇

타인과의 관계에서 진심으로 다가가고자 한다면, 가장 중요한 것은 솔직함입니다. 생각과 감정을 숨기고 가면을 쓰고 살아가면, 그 관계는 불안정해질 수밖에 없습니다.

자신에게 솔직할 수 있는 사람은, 자신을 진정으로 사랑하는 사람입니다. 다른 사람의 기대에 부응하거나 사회적인 틀에 맞추기 위해 자신을 숨기지 않고, 자신의 감정과 욕구를 인정하는 태도는 곧 자신을 존중하는 모습입니다. 솔직해질 때, 진정으로 원하는 것이 무엇인지 무엇을 느끼고 있는지 알 수 있습니다.

Sep 14th

 마르멜로 Marnelo - 유혹

유혹은 매력적으로 보일 수 있지만, 그 뒤에 숨겨진 위험을 항상 기억하세요. 에피쿠로스

누구나 무엇인가를 갈망합니다. 그것은 물질적이거나 감정적일 수 있습니다. 더 나은 삶을 살고 싶은 욕망, 사랑을 얻고 싶은 욕망, 혹은 사회에서 인정받고 싶은 욕망. 이런 것들은 인간을 움직이는 강력한 동력이며, 유혹은 그 욕망을 자극하여 우리를 유인합니다. 때로는 지금 당장 원하는 것을 얻어야 한다는 생각이 마음을 사로잡고, 그 유혹이 마치 절대적인 진리처럼 느껴질 수 있습니다.

유혹에는 항상 대가가 따릅니다. 지나치게 소비한 욕망은 후회를 남기고, 충동적인 결정은 그 후의 삶에 그림자를 드리웁니다. 금전적 유혹에 빠져 무리한 소비를 하거나, 순간의 감정에 휘둘려 관계를 망치는 일도 있습니다. 유혹은 그 순간의 즐거움이나 이득을 추구하게 하지만, 그 뒤에는 결국 우리가 감당해야 할 책임과 결과가 따르게 마련입니다.

Sep 15th

 다알리아 Dahlia - 화려함

진정한 화려함은 외모가 아니라 마음속에서 피어나는 것이다. 장 폴

◇◇◇◇◇◇

흔히 화려함이라고 느끼는 것은 표면적일 때가 많습니다. 화려한 옷, 화려한 장식, 화려한 무대. 하지만 진정한 화려함은 타인과의 관계에서, 자신의 원칙을 지켜 나가는 데서 그리고 세상의 작은 부분에서 큰 변화를 일으킬 때 드러납니다. 남들에게 자신을 과시하는 것이 아니라, 오히려 자신을 잘 알고 그 고유한 가치를 고수하며 세상에 긍정적인 영향을 끼치는 것. 그때 비로소 화려함은 겉모습을 넘어서는 진정성과 품위를 지니게 됩니다. 결국 내면의 자신감을 바탕으로, 꾸밈없는 진실을 드러낼 때 가장 아름답고 빛이 납니다.

Sep 16th

 용담 Gentiana - 슬픈 그대가 좋아

그대가 슬플 때, 그 슬픔 속에 숨겨진 교훈이 있다는 것을 믿어라. 시간이 지나면 그 슬픔도 의미 있는 순간으로 변할 것이다. 로버트 브라우닝

◇◇◇◇◇◇

슬픔을 숨기려 하지만, 그 슬픔 속에서 진짜 그대의 모습을 봅니다. 웃고 있을 때보다, 그대의 눈빛이나 말투에 스며든 슬픔이 더 진실한 감정으로 다가옵니다. 그것은 그대가 고통 속에서도 여전히 세상을 바라보고, 사람들과 연결되고자 하는 마음이 느껴지기 때문입니다. 내면의 어둠 속에서 길을 찾아가는 모습이 큰 감동으로 다가옵니다. 아픔을 겪고도 여전히 삶을 이어가는 그대의 힘과 아름다움을 사랑합니다.

슬픔은 언제나 지나간 뒤에 우리가 알아야 할 것들을 남깁니다.

Sep 17th

 에리카 Erica - 고독

산다는 것은 깊은 고독 속에 있는 것이다. 헤벨

◇◇◇◇◇◇

사람들은 고독을 외로움이라 말하지만, 정작 그것은 우리 영혼 깊은 곳에서 조용히 숨 쉬고 있는 또 하나의 나일지도 모릅니다. 누구에게도 들키지 않은 마음의 가장자리, 거기에 고독은 둥지를 틉니다. 고독은 무겁지만 가볍습니다. 가슴을 누르다가도 문득, 우리를 자유롭게 합니다. 시끄러운 세상 속에서 잊고 지낸 자신의 목소리를 다시 듣게 하고, 빠르게 흘러가는 시간 속에서도 가장 소중한 순간을 붙잡게 하니까요.

누군가는 고독을 두려워하고, 누군가는 그것을 애써 외면하며 사람들 사이로 몸을 숨깁니다. 하지만 고독은 우리가 모르는 사이 스며들어, 그림자처럼 따라다닙니다. 고독은 나를 마주하게 합니다. 그 속에서 외로움에 떨기도 하고 오래된 기억 속으로 걸어 들어가기도 하며, 혹은 언젠가 만날 누군가를 그리워하기도 합니다. 고독은 우리의 내면을 비추는 거울이자, 자신을 돌아볼 수 있는 가장 고요한 공간이기에.

Sep 18th

 엉겅퀴 Thistle - 엄격

엄격함은 성공을 위한 기초이며, 자아를 완성하는 과정이다. 카를 융

◇◇◇◇◇◇

나는 그 누구보다 나의 삶에 대한 책임감으로 끊임없이 자신을 밀어붙였습니다. 목표와 꿈을 이루기 위해서는 강한 자기 규율과 인내가 필요하다고 믿었습니다. 그래서 누구보다 자신에게 엄격하고, 작은 실수나 부족함에 대해서도 용서하지 않는 경향이 있습니다.

그렇다면 자신에게 엄격한 나는 바람직하게 살고 있는 걸까요. 목표를 이루는 데 필요한 인내와 규칙은 중요하지만, 그것이 지나치면 내 삶의 질이 떨어질 수 있다는 것을 알기까지 꽤 오랜 시간이 걸렸습니다. 완벽할 필요는 없으며, 실수나 실패도 삶의 일부라는 것을. 자신을 인정하고, 가끔은 쉬어가야 한다는 것을요.

Sep 19th

 사초 Carex - 자중

자기 자신을 존중하고 자중하는 사람은 세상의 모든 어려움을 이겨낼 수 있다. 레오나르도 다 빈치

◇◇◇◇◇◇

세상은 언제나 빠르게 변하고, 우리는 그 변화 속에서 끊임없이 나아가야 할 이유를 찾습니다. 그러나 그 속에서 놓치기 쉬운 것이 바로 자신에 대한 성찰입니다. 바쁘게 살아가는 동안, 외적인 성공과 결과에만 집중하느라 마음의 목소리를 놓칠 때가 있습니다. 이런 순간, 자중하는 태도는 한발 물러서서 자신을 돌아보고 다시 가야 할 길을 정리하는 순간입니다.

자중이란 내면에서부터 나오는 깊은 성찰과 자아의 정직한 대면입니다. 타인에게 보여주기 위해 자신의 감정이나 생각을 숨기기도 하고, 사회적 기대에 맞춰 행동하려 애씁니다. 내가 지금 어떤 사람인지, 어떤 점에서 부족한지 그리고 무엇을 진정으로 원하는지를 차분히 되새기는 과정입니다.

Sep 20th

 로즈마리 Rosemary - 나를 생각해요

자신을 생각하는 시간은 삶의 진정성을 찾는 중요한 순간이다. 마르쿠스 아우렐리우스

◇◇◇◇◇◇

세상은 끊임없이 우리에게 묻고 있습니다.
너는 누구를 위해 살아가고 있는가.
우리는 부모를 위해, 사랑하는 사람을 위해, 사회가 기대하는 역할을 위해 살아갑니다. 하지만 정작 가장 중요한 존재, '나'를 잊은 채 하루하루를 흘려보냅니다. 나를 생각하며 살아야 하는 이유는 단순합니다. 내가 나를 보살피지 않으면, 그 누구도 온전히 나를 지켜줄 수 없기 때문입니다. 세상은 때로 우리의 마음을 흔들어놓고, 타인의 기대에 부응하길 강요합니다. 하지만 내 삶의 주인은 나입니다.
나를 돌보는 것은 이기심이 아니라, 더 나은 삶을 위한 시작입니다. 내가 행복해야 누군가를 진심으로 사랑할 수 있고, 내가 단단해야 어떤 시련에도 흔들리지 않습니다. 내 목소리를 듣고 내 감정을 존중하며, 내가 원하는 길을 걸어야 합니다.
나는 지금, 진정으로 나를 위해 살고 있는가. 이 대답이 선명해질 때, 비로소 우리는 온전한 나로서 살아갈 수 있습니다.

Sep 21st

 사프란 saffron - 후회스런 청춘

만약 내가 신이었다면 나는 청춘을 인생의 끝에 두었을 것이다. 아나톨 프랑스

◇◇◇◇◇◇

청춘은 불같이 타오르지만, 지나고 나면 재가 되어 손끝에서 흩어집니다. 뜨겁게 살았다고 믿었지만, 뒤돌아보면 그 뜨거움 속에는 수많은 망설임과 주저함이 있습니다. 하고 싶었던 일이 있었지만, 두려워서 시작하지 못했고, 사랑하고 싶었지만 상처받을까 망설였습니다. 세상은 기회를 주었지만, 붙잡지 못한 채 멀리서 바라보기만 했으니까요. 그래서 지금 길 위에서 멈춰 서, 지나온 날들을 돌아보며 후회의 그림자를 짚어봅니다.

후회하는 마음이 있다면, 그것은 아직 늦지 않았다는 증거입니다. 청춘이 완전히 지나가기 전에, 남아있는 시간을 다시 붙잡을 수 있다는 뜻입니다. 그러니 후회에 주저앉지 말아야겠지요. 흘려보낸 순간들은 돌아오지 않지만, 남은 날들은 어떻게 살아가느냐에 따라 달라질 수 있습니다. 청춘이 끝났다고 생각하는 순간에도, 우리는 여전히 새로운 청춘을 만들어 갈 수 있습니다.

Sep 22nd

 퀘이킹 그라스 Quaking Grass - 흥분

흥분은 순간적인 감정이지만, 그 결과는 오랫동안 영향을 미친다. 프랭클린 D. 루즈벨트

◇◇◇◇◇◇

우리를 열정적으로 만들고 기대하게 하며, 때로는 무모한 행동을 하게 만드는 감정입니다. 흥분은 긍정적인 감정과 부정적인 감정을 모두 포함합니다. 기쁜 소식을 들었을 때 느끼는 설렘, 목표를 달성했을 때의 환희, 오랫동안 기다려온 순간이 다가올 때의 긴장감이 모두 흥분의 일종입니다.

적절한 수준의 흥분은 동기부여와 창의성을 촉진하지만, 지나치게 흥분하면 판단력이 흐려질 수 있습니다. 그렇다면 어떻게 흥분을 긍정적인 방향으로 활용할 수 있을까요. 자신의 감정을 인식하고 조절하는 연습이 필요합니다. 흥분을 느낄 때 한 걸음 물러서서 상황을 객관적으로 바라보는 습관을 들이면, 감정에 휘둘리지 않고 더 나은 결정을 내릴 수 있습니다.

Sep 23rd

 주목 Yew Tree - 고상함

고상함은 무엇을 가지고 있는가가 아니라, 어떻게 행동하는가에 달려 있다. 에머슨

◇◇◇◇◇◇

고상하게 나이 들기 위한 몇 가지 방법을 소개해 드리겠습니다. 우선 내면의 성찰과 자기 이해입니다. 다른 사람을 평가하기보다 자신의 내면을 돌아보는 습관을 기르는 것이 고상함을 키우는 첫 번째 단계입니다. 나이가 들수록 경험에서 배운 교훈을 나누고, 타인에게 공감을 보여주는 것이 중요합니다. 또한 타인을 존중하고 배려하는 마음을 가져야 합니다. 다른 사람의 생각이나 감정을 이해하려고 노력하며, 상대방의 입장이 되어 보는 것입니다.

고상함은 단순하고 절제된 삶을 지향합니다. 불필요한 것들을 줄이고, 진정한 가치가 무엇인지를 알며 그것을 중심으로 삶을 살아가는 것입니다. 가족, 친구, 인간관계에서 진정성을 추구하고, 나 자신을 위한 시간을 가지며 소소한 기쁨을 음미하는 것입니다.

Sep 24th

 오렌지 Orange - 시작의 기쁨

삶에 대한 가장 건강한 반응은 기쁨입니다. 디팩 초프라

◇◇◇◇◇◇

새로운 시작은 언제나 기쁨을 동반합니다. 그 기쁨은 맑은 아침 햇살처럼, 우리에게 신선한 에너지를 불어넣습니다. 시작은 언제나 불확실하고 두려움을 동반하기도 하지만, 첫발을 내딛는 순간은 설레고 흥미롭습니다.

시작의 기쁨은 과거와의 결별을 의미하기도 합니다. 과거를 뒤로 하고, 새로운 장을 여는 과정입니다. 더 나은 내일을 향해 나아가는 마음입니다. 과거의 실수나 후회, 잘못된 선택을 놓아주고 다시 출발하는 기쁨은 자신을 새롭게 발견하고, 한층 더 성숙하게 합니다. 새로운 시작은 끝없는 가능성의 문을 여는 일입니다. 끝을 알 수 없는 여행을 떠나는 것처럼, 앞으로 펼쳐질 수많은 경험을 향해 나아가는 발걸음입니다.

Sep 25th

 메귀리 Animated Oats - 음악을 좋아함

표현할 수 없는 것을 표현하는 침묵 후가 음악이다. 올더스 레너드 헉슬리

◇◇◇◇◇◇

음악을 좋아하는 사람은 대체로 감성적이고 창의적이며, 타인과의 연결을 중시합니다. 오락적인 즐거움을 넘어서, 감정의 표현이나 소통의 수단으로 많은 사람들에게 큰 의미를 갖기 때문입니다. 그들은 대개 창의적이고 새로운 아이디어를 잘 받아들입니다. 음악은 다양한 장르와 스타일, 기법들이 존재하며 이를 이해하고 경험하려는 사람들은 개방적이고 다채로운 생각을 합니다. 새로운 경험에 대한 호기심이 많고, 일상적인 규칙이나 틀을 벗어난 창의적인 사고를 중요시합니다. 이를 즐기는 사람들도 고정된 틀을 벗어나 자유롭게 사고하는 성향이 있습니다.

Sep 26th

 고욤나무 Date Plum - 자연미

자연은 아무리 노력해도 더 이상 아름다울 수 없다. 존키츠

◇◇◇◇◇◇

자연미는 인간이 느낄 수 있는 가장 순수하고 경이로운 아름다움입니다. 그것은 일상에서 마주하는 산, 강, 바다, 그리고 하늘과 같은 자연에서 찾을 수 있습니다. 인위적인 장식 없이도 완전하며, 계절에 따라 끊임없이 변화하는 모습을 통해 감동을 줍니다.

푸른 숲을 거닐 때의 평온함, 바다의 파도를 바라볼 때의 안정감, 꽃이 만개한 들판을 보며 느끼는 기쁨이 모두 자연미가 주는 혜택입니다. 이러한 경험들은 스트레스를 줄이고 마음의 여유를 찾는 데 도움이 됩니다. 또한 인간의 창의성과 예술적 영감을 자극하기도 합니다. 예술가들은 자연에서 영감을 받아 그림을 그리고, 음악을 작곡하며 시를 씁니다. 자연의 조화로운 색감과 균형 잡힌 형태는 우리의 감각을 자극하고, 새로운 아이디어를 떠올리게 만듭니다.

Sep 27th

 떡갈나무 Daimyo Oak - 사랑은 영원히

영원한 사랑은 두 사람이 함께 만들어 가는 과정이다. 그것은 영원히 지켜갈 약속처럼.

에리히 프롬

◇◇◇◇◇◇

사랑에서 영원함은 시간의 흐름 속에서 끊임없이 지속되는 감정의 깊이를 의미합니다. 사랑은 물리적으로나 감정적으로 멀어지거나, 시간이 지나면서 자연스레 희미해지는 것이 아니라 그 사랑을 품은 사람의 마음속에 조용하고 깊게 자리합니다. 사랑은 완벽함이 아닌 진실함을 중요시합니다. 그 어떤 순간에도 완벽하게 행복할 수는 없겠지만, 사랑하는 사람과 함께라면 어떤 어려움도 함께 이겨낼 수 있다는 믿음이 있습니다.

사랑은 끝나지 않는 이야기입니다. 끝없이 이어지는 여정입니다. 때로는 멀어질 수도 있고, 잊을 수 있을 것처럼 느껴지지만 마음 깊은 곳에 계속 살아 있으니까요.

Sep 28th

 색비름 Love-Lies a Bleeding - 애정

애정의 수단으로 행복해지는 유일한 길이 있다. 아무도 사랑하지 않는 것이다. P. 부르제

◇◇◇◇◇◇

누군가를 사랑하고 애정을 표현할 때 우리는 상대방과 더욱 가까워지고, 심리적인 안정감을 느낍니다. 애정은 다양한 방식으로 표현됩니다. 따뜻한 말 한마디, 작은 배려, 함께하는 시간 등이 모두 애정의 표현입니다. 중요한 것은 상대방이 필요로 하는 방식으로 애정을 표현하는 것입니다. 기대가 어긋나거나 충분한 소통이 이루어지지 않을 때는 관계가 흔들릴 수 있습니다. 애정이 지속되려면 상호 간의 이해와 대화가 필요합니다. 감정을 솔직하게 표현하고, 상대방의 감정을 받아들이는 자세가 중요한 이유입니다.

Sep 29th

 사과 Apple - 명성

미덕은 명성을 가져오고 명성은 허영을 가져온다. 서양 속담

◇◇◇◇◇◇

명성은 우리가 이 세상에서 어떤 사람으로 기억되고, 어떤 평가를 받는지를 결정짓는 일입니다. 사람들이 나를 어떻게 인식하고, 어떤 방식으로 내 이름을 기억하는지에 대한 총체적인 결과입니다. 어떤 사람은 명성을 얻기 위해 끊임없이 노력하지만, 또 어떤 사람은 명성의 그림자에 고통을 겪기도 합니다. 그렇다면, 명성이란 무엇일까요. 그리고 그것을 추구하는 것이 과연 진정으로 가치 있는 일일까요.

명성은 대체로 업적이나 성과를 통해 이루어집니다. 예술가, 과학자, 정치인 등 여러 분야에서 활동하는 사람들은 자신의 분야에서 탁월한 성과를 이루고, 그것이 사람들에게 알려짐으로써 얻게 됩니다. 이때 명성은 다른 사람들의 인정과 평가에서 비롯되며, 그 사람의 영향력과 존재감을 나타냅니다. 중요한 것은 그 명성이 어떻게 쌓였는지, 그 명성을 가진 사람의 삶이 어떤 가치를 담고 있는지입니다.

Sep 30th

 삼나무 Cedar - 웅대함

웅대함은 자신을 뛰어넘는 목표를 향해 나아갈 때 비로소 드러난다. 에이브러햄 링컨

◇◇◇◇◇◇

웅대한 기상은 강한 에너지나 힘을 넘어서, 내면에서 나오는 깊은 결단력과 정신적 강인함을 의미합니다. 그것은 주어진 환경이나 어려운 상황을 뛰어넘어, 큰 목표를 향해 나아가는 인내와 열정을 내포하고 있습니다. 인간의 능력과 가능성이 극한으로 발휘될 때 나타나는 힘입니다. 이러한 기상은 자신이 가진 한계를 인정하되, 그 한계를 뛰어넘기 위해 끊임없이 도전합니다. 성공을 향한 굳건한 의지와, 그 과정에서 겪는 고난을 두려워하지 않는 용기는 웅대한 기상의 핵심입니다.

그것은 내면의 평정과 자기 확신에서 비롯됩니다. 마음속에 확고한 신념을 가지고, 그 신념에 따라 자신의 길을 한 걸음씩 나아가기 때문입니다. 이런 사람은 자신이 맡은 일을 끝까지 해내는 책임감을 가지고 있으며, 다른 사람의 의견이나 비난에 흔들리지 않고 자기 길을 묵묵히 걸어갑니다.

깊어가는 사색의 달
The Month of Deepening Thoughts

Oct 1st

 빨강 국화 Chrysanthemum - 사랑

서로에게 모든 것을 줄 때 평등한 거래가 된다. 각자가 모든 것을 얻게 된다. 로이스 맥마스터 부욜

◇◇◇◇◇◇

사랑, 존재의 가장 깊은 물음.

플라톤은 『향연』에서 사랑을 단순한 감정이 아닌 진리를 향한 열망으로 보았습니다. 그는 사랑이 인간을 불완전한 상태에서 완전한 이상으로 이끄는 힘이라 설명합니다. 이에 반해 사르트르는 사랑을, 타인의 자유에 대한 요구라고 보았습니다. 사랑이 자유를 구속하는 모순적 감정을 내포한다는 것입니다. 한편, 키르케고르는 사랑을 신과의 관계 속에서 완성되는 것으로 보며, 인간적인 사랑이 신적인 사랑을 통해 승화되는 것이라고 했습니다. 사랑에 대한 정의는 시대와 철학자에 따라 다양하지만, 사랑이 인간 존재의 가장 깊은 층위에서 작용한다는 사실입니다. 사랑은 상대를 소유하는 것이 아니라, 그의 자유를 인정하는 것입니다. 결핍을 채우는 것이 아니라, 결핍 속에서도 함께 걸어가는 것입니다.

Oct 2nd

 살구 Apricot - 아가씨의 수줍음

수줍음은 약점이 아니라, 신중함의 또 다른 표현일 수도 있다. 시드니 스미스

세상의 소란 속에서도 조용히 빛나는 이들이 있습니다. 마치 밤하늘의 별과 같아서, 가까이 다가가야만 그 따뜻한 빛을 온전히 느낄 수 있습니다. 수줍은 사람은 세상을 조용히 사랑합니다. 큰 소리로 자신의 존재를 알리지 않지만, 대신 세심하게 듣고 깊이 느낍니다. 수줍음은 세상을 대하는 하나의 방식이며, 관계 맺기의 다른 언어입니다.

사람들은 수줍음을 오해합니다. 말수가 적다고 해서, 표현이 서툴다고 해서 감정이 부족한 것이 아닙니다. 오히려 그들의 조용한 시선 속에는 누구보다 따뜻한 공감과 이해가 깃들어 있습니다. 수줍음은 약점이 아닙니다. 섬세한 강함이며, 타인을 배려하는 마음의 표현입니다.

Oct 3rd

 단풍나무 Maple - 자제

자신을 이기는 것이 가장 강한 승리이다. 플라톤

◇◇◇◇◇◇

자제란 더 나은 선택을 하기 위해 스스로를 다스리는 힘입니다. 자제를 기르기 위해서는 먼저 자신을 이해하는 것이 중요합니다. 무엇이 나를 흔드는지, 어떤 상황에서 충동이 강해지는지를 분석하면 보다 효과적으로 자신을 통제할 수 있습니다.

자제력이 강한 사람들은 감정적 결정이 아닌 이성적 결정을 내리는 경향이 있습니다. 이러한 성격은 학업이나 업무는 물론 인간관계에서도 감정을 조절하여 원만한 소통을 가능하게 합니다. 또한, 재정 관리에서도 충동적인 소비를 줄이고 장기적인 안정을 도모합니다. 그러나 지나친 자제는 오히려 스트레스가 될 수도 있으니 적절한 보상을 하며 균형을 유지하는 것이 중요하겠지요. 자제는 더 나은 미래를 위한 현명한 선택의 과정입니다.

Oct 4th

 홉 Common Hop - 순진무구

순진함은 인생의 진정성과 순수함을 지켜주는 아름다운 선물이다. 에리히 프롬

순진무구는 세상에서 가장 순수하고, 결백한 마음입니다. 어떤 외부의 오염이나 불순함, 자기 자신에 대한 왜곡 없이 순수하게 세상을 바라보는 마음입니다. 무조건적인 선함과 진실함을 가진 어린아이의 마음이나, 어떤 부정적인 경험에 물들지 않은 깨끗한 마음으로 비유됩니다.

성인이 된 사람도 이 마음을 유지하며, 세상에 대한 의심이나 경험으로 가득 차지 않은 깨끗한 마음을 가질 수 있다는 점에서 더욱 의미가 있습니다. 순진무구한 사람은 세상의 복잡함과 어려움을 지나쳐, 자신과 타인에게 진실하고 선한 의도를 갖고 살아갑니다.

Oct 5th

 종려나무 Windmill Palm - 승리

승리는 최선을 다했을 때 있다. 최선을 다했다면, 이미 승리한 것이다. 빌리 바워먼

◇◇◇◇◇◇

승리란 자신의 한계를 극복하고 목표를 달성하는 과정에서 얻는 성취감입니다. 우리는 인생에서 크고 작은 도전에 직면하며, 그 속에서 성장하고 발전합니다. 진정한 승리는 그 과정에서 얻어진 노력과 배움에 있습니다.

승리를 이루기 위해서는 명확한 목표 설정이 중요합니다. 목표가 분명할수록 집중력이 높아지고, 그 목표를 향한 전략을 세우기 쉬워지니까요. 또한, 꾸준한 노력과 인내가 필수적입니다. 단기간의 성과보다 장기적인 관점에서 꾸준히 나아가는 것이 승리로 가는 길입니다.

승리의 과정에서 중요한 요소 중 하나는 실패를 받아들이는 자세입니다. 실패는 패배가 아니라, 더 나은 성공을 위한 발판이 될 수 있습니다. 그 경험을 바탕으로 전략을 수정하는 것이 진정한 승리를 이루는 방법입니다. 하지만 승리만을 목표로 삼다 보면 무리한 경쟁심과 스트레스를 초래할 수도 있습니다. 승리의 의미를 단순한 결과가 아닌 성장과 발전의 과정으로 바라보는 것이 중요합니다.

Oct 6th

 개암나무 Hazel - 화해

화해는 다른 사람을 이해하는 것입니다. 로버트 G. 이네스

◇◇◇◇◇◇

화해하는 과정은 쉽지 않습니다. 누구나 갈등과 다툼을 겪고, 그로 인해 감정이 상하거나 관계가 어색해질 수 있기 때문입니다. 화해는 서로의 감정을 존중하고 이해하는 과정입니다. 그래서 화해를 시작하기 전, 자신의 감정을 먼저 정리하는 것이 필요합니다. 갈등이 있었을 때, 감정이 격해지거나 상처가 남아 있을 수 있습니다. 이럴 때는 자신의 감정을 잠시 내려놓고, 차분히 생각하는 시간을 가져야 합니다. 화해를 위해서는 솔직하고 열린 대화가 필수적입니다. 상대방이 자신의 감정을 표현할 기회를 주고, 자신의 감정도 솔직히 나누며 서로 이해할 수 있는 방향으로 대화하는 것입니다. 상대방을 비난하거나 공격하는 태도가 아니라, 서로의 입장을 존중하고 경청하는 것입니다.

Oct 7th

 전나무 Fir - 고상함

진정한 고상함은 겉으로 보이는 것이 아니라, 내면에서 나오는 것이다.
그것은 마음의 깊이와 행동의 품격에서 드러난다. 로버트 브라우닝

◇◇◇◇◇◇

고상함은 내면에서 우러나오는 깊은 품격과 사람에 대한 진정한 이해, 세상에 대한 겸손과 성숙이 담긴 태도입니다. 자신의 내면을 다스리고, 타인에 대한 배려와 존중을 바탕으로 한 행동에서 드러나며, 물질적이거나 순간적인 욕구를 초월하는 가치입니다.

그들은 깊은 사고와 통찰력을 가지고 있습니다. 세상에 대한 이해가 깊고, 삶의 의미와 목적을 고민하며 살아갑니다. 삶의 철학과 가치관이 잘 드러나는 것이 특징입니다. 단기적인 성취나 물질적인 것에 연연하지 않으며, 오히려 자신의 존재 이유와 세상에 긍정적인 영향을 미치기 위해 끊임없이 성장하려고 합니다.

Oct 8th

 파슬리 Parsley - 승리

패배를 알고 나서 얻은 승리는 가장 달콤하다. 말콤 S. 포브스

◇◇◇◇◇◇

세상과의 승리를 위해서는 우선 자신을 아는 일이 중요합니다. 자신이 무엇을 원하고, 무엇이 나에게 중요한지 명확하게 인식해야만 길을 잃지 않고, 목표를 향해 나아갈 수 있습니다. 자신에 대한 이해는 삶의 방향을 잡고, 세상의 유혹에 휘둘리지 않도록 돕습니다.

세상은 항상 변화하고, 도전과 역경은 끊임없이 우리를 시험합니다. 중요한 것은 그 변화에 적응하고 성장하는 능력입니다. 세상과의 승리는 외적인 성공을 넘어, 내면의 변화를 이루는 것입니다. 그것은 자신의 두려움, 불안, 의심을 이겨내고 새로운 방식으로 문제를 해결할 수 있는 능력을 키우는 것입니다. 세상과의 승리는 자신의 한계를 넘어서려는 지속적인 노력과 성숙에서 이루어집니다.

Oct 9th

 회향 Fennel - 극찬

> 진정한 극찬은 단순한 칭찬이 아니라, 상대방의 진가를 깨닫고
> 그 가치를 깊이 인정하는 것이다. 존 러스크

◇◇◇◇◇◇

극찬은 어떤 사람이나 사물, 행동 등에 대해 뛰어난 평가나 칭찬을 하는 것입니다. 보통 다른 사람의 뛰어난 능력이나 성과, 특성 등을 인정하고 칭송할 때 사용됩니다. 칭찬을 넘어서 그 대상을 최고로, 탁월하게 평가하는 것을 뜻합니다.

어떤 음악가의 공연이 뛰어난 수준에 이르렀을 때 '그의 연주는 정말 극찬할 만하다'라고 말할 수 있습니다. 이 경우 그 음악가의 뛰어난 연주가 단순히 좋다는 수준을 넘어서, 매우 인상적이고 대단하다는 의미를 전달합니다. 평가나 칭찬이 지나칠 정도로 과도하게 느껴질 수도 있지만, 그만큼 대상을 높이 평가하고 있다는 뜻이겠지요.

Oct 10th

 멜론 Melon - 포식

포식은 자연의 법칙이지만, 과도한 포식은 결국 스스로를 파괴하는 길이다. 헨리 데이빗 소로

◇◇◇◇◇◇

포식이 은유적으로 부정적인 이유는 그 본래의 뜻인 탐욕적이고, 무자비한 소비의 의미가 있어서입니다. 포식은 자연에서 하나의 동물이 다른 동물을 사냥하여 먹는 행동을 뜻합니다. 포식자는 약한 동물을 잡아먹고 이를 통해 생존합니다. 이 과정에서 약자에 대한 무자비한 행동과 자원에 대한 독점적인 소비가 연상되기 때문입니다.

특히, 인간 사회에서 포식은 주로 자원의 남용이나 과도한 소비와 관련됩니다. '자원의 포식'이라거나 '자원의 포식자' 같은 표현은 자원을 탐욕스럽게 소비하는 것을 비판적으로 나타내며, 사회적 불평등이나 환경 문제 등을 논할 때 부정적인 뉘앙스를 띱니다. 자원의 불균형적인 분배와 자연에 대한 무분별한 착취를 경고하는 뜻으로 사용되는 경우가 많아 부정적인 어휘로 해석되는 것입니다.

Oct 11th

 부처꽃 Lythrum - 사랑의 슬픔

사랑은 그 기쁨을 쓰라림과 뒤섞는 버릇이 있다. 클레망 마로

◇◇◇◇◇◇

사랑이 주는 기쁨 속에는 언제나 슬픔도 함께 따라옵니다. 사랑하는 만큼의 갈망과 상실, 그리움에서 슬픔은 시작됩니다. 사랑은 서로를 이해하고, 양보하고, 배려하는 과정이 필요합니다. 그러나 이런 이해와 배려가 부족할 때, 마음에 상처를 줍니다. 사랑의 슬픔은 갈등과 오해 속에서 마음이 상할 때 찾아옵니다. 그럼에도 그 사랑을 놓을 수 없다는 마음은, 그 슬픔을 더 깊게 만듭니다.

사랑의 슬픔은 사랑을 했다는 증거입니다. 그것은 그 사람을 얼마나 사랑했는지, 그 사랑이 얼마나 깊었는지를 보여주는 흔적입니다.

Oct 12th

 월귤 Bilberry - 반항심

반항은 단지 저항하는 것이 아니라, 스스로의 자유를 찾기 위한 첫걸음이다. 알베르트 카뮈

◇◇◇◇◇◇

반항심은 기존의 규범이나 권위에 대해 저항하고 변화하려는 의지입니다. 이는 자신의 가치관과 신념을 지키고 세상의 불합리함에 맞서는 중요한 마음입니다. 반항심은 때로 창의성과 혁신을 불러옵니다. 새로운 아이디어를 내고, 기존의 틀을 깨며, 더 나은 방향으로 나아가려는 동력이 되기도 하니까요. 예술, 과학, 정치 등 다양한 분야에서 역사를 바꾼 인물들은 대부분 강한 반항심을 가지고 있었습니다.

분노나 좌절에서 비롯된 반항이 아니라, 신념과 가치에 기반한 반항이어야 의미가 있습니다. 또한, 비판만이 아닌 대안과 해결책을 함께 고민하는 자세가 필요하겠지요.

Oct 13th

 조팝나무 Bridal wreath - 단정한 사랑

사랑을 하는 사람과 사랑을 받는 사람은 항상 따로 있어. 윌리엄 서머셋 모옴

◇◇◇◇◇◇

사랑의 본질적인 태도와 마음가짐에서의 정갈함을 의미합니다. 이것은 순수하고 성숙한 애정을 바탕으로, 상대방에 대한 깊은 존중과 배려, 진지한 마음을 표현하는 방식입니다. 지나치게 극단적이거나 불안정한 감정의 소용돌이로 빠지지 않고, 차분하고 안정적인 감정선을 유지하며, 함께 성장하는 사랑입니다.

상대방을 사랑한다면, 그 사람의 감정과 상황을 이해하고 존중하려는 태도가 필요합니다. 배려는 사랑을 깊이 있게 만들며, 존중은 관계를 안정감 있게 유지하는 핵심입니다. 사랑은 감정적인 충동에 따라 움직이는 것이 아니라, 서로를 향한 진심 어린 관심과 배려에서 시작되니까요. 서로의 감정을 솔직하게 나누고, 거짓이나 의심 없이 투명하게 소통하는 것이 중요합니다.

Oct 14th

 흰색 국화 Chrysanthemum - 진실

진실을 말하면 아무것도 기억할 필요가 없다. 마크 트웨인

◇◇◇◇◇◇

진실의 탐구에서 관점은 중요한 역할을 합니다. 우리의 경험, 문화적 배경, 개인적 편향은 진실을 인식하고 해석하는 방식에 영향을 미칩니다. 그래서 다른 관점을 이해하고 존중하는 것은 진실에 대한 이해를 넓히는 데 필수적입니다.

진실의 여정은 깨달음과 이해의 과정입니다. 이 과정에서 자기 성찰, 비판적 사고, 다른 관점에 대한 개방성이 필요합니다. 교조화나 독단적인 사고를 넘어서 진실을 다각적으로 이해해야 하는 것이지요. 진실은 힘 있는 힘입니다. 현명한 결정을 내리며 더 나은 삶을 영위하도록 도울 수 있습니다.

Oct 15th

스위트 바질 Sweet Basil - 좋은 희망

절대 누군가에게서 희망을 빼앗지 말라. 가진 것의 전부일 수도 있으니. H. 잭슨 브라운 주니어

◇◇◇◇◇◇

좋은 희망은 자기 자신을 믿는 마음, 다른 사람을 위한 긍정적인 기대, 그리고 더 나은 세상을 향한 열망입니다. 우리가 직면하는 상황이나 환경이 어려울지라도, 희망은 그 상황 속에서도 긍정적인 변화를 믿고 기다리는 마음입니다. 어떤 일이든 잘될 것이라 믿고, 그 믿음을 통해 미래에 대한 두려움이나 불안을 극복할 수 있으니까요.

좋은 희망은 자기 성장과 발전의 가능성을 믿는 것입니다. 지금 가진 것에 만족하지 않고, 더 나은 자신으로 변화할 수 있다는 믿음에서 나오는 것입니다. 꿈을 꾸는 것, 그리고 그 꿈을 이루기 위한 목표를 설정하는 것은 희망의 중요한 부분입니다. 미래에 대한 기대감을 품는 것뿐만 아니라, 자신과 세상에 대한 긍정적인 믿음을 바탕으로 내일을 위한 행동을 이끄는 것입니다.

Oct 16th

 이끼장미 Moss Rose - 순진무구

행복은 무엇보다도 순진무구의 평온하고 만족스러운 현실성이다. 헨리크 입센

◇◇◇◇◇◇

순진무구한 마음은 타인을 의심 없이 신뢰하는 마음입니다. 상대방을 순수하게 대하고 자기감정에 솔직합니다. 세상의 복잡한 규칙이나 계산을 따르지 않고, 사람들을 있는 그대로 받아들입니다.
이런 마음을 가진 이들은 자기방어가 부족하거나, 악의적인 의도를 가진 사람들에게 이용당할 수 있습니다. 현실적이고 건강한 경계를 설정하는 것이 필요합니다. 이 마음을 지속하기 위해서는 건강한 경계와 자아를 지키는 마음가짐이 함께해야 합니다. 세상의 복잡함 속에서도 진심을 잃지 않도록 노력하며, 내면의 순수함을 지키려는 균형 잡힌 자세가 필요하다는 뜻입니다.

Oct 17th

 포도 Grape - 신뢰

> 우리는 자신을 앞으로 할 수 있는 것으로 판단하지만, 다른 사람은 우리를 우리가 이미 한 것으로 판단한다. 헨리 워즈워스 롱펠로

─◇◇◇◇◇◇─

지금까지 수도 없이, 귀에 못이 박힐 만큼 많이 들어온 이야기가 있습니다. 신뢰에 대한 확실한 효과, 확고한 믿음입니다. 그 누구도 우리의 삶에서, 인간관계와 일에 있어서 신뢰의 중요성을 부정할 수 없을 것입니다. 신뢰는 먼저 자신을 솔직하게 보여주는 데서 시작됩니다. 자신의 취약점을 드러내고, 도움을 요청하고 가지고 있는 생각을 가감 없이 말하는 것입니다. 상대와 다른 내 생각을 주장하더라도 충분히 나의 의견을 진지하게 경청하고 이해하려는 노력을 선행할 것이라는 믿음. 그것이 신뢰의 출발점입니다.

Oct 18th

 크랜베리 Cranberry - 마음의 고통을 위로하다

고통을 피하기 위한 답을 찾으려 하지 말라. 너는 그 답과 함께 살 수 없기 때문이다. 릴케

◇◇◇◇◇◇

마음의 고통은 눈에 보이지 않기 때문에, 고통을 겪는 사람의 마음을 헤아리지 못할 때가 많습니다. 그 고통은 내면 깊숙한 곳에 자리하고 있으며, 아무리 시간이 지나도 쉽게 사라지지 않습니다. 누군가가 나를 직접적으로 다치게 하지 않아도, 말로 표현할 수 없는 아픔으로 지배하고 있으니까요.

무엇보다 자신을 위로하는 법을 배우는 것이 중요합니다. 자신을 위로하는 일은, 자신의 감정을 인정하고 받아들이는 것에서부터 시작됩니다. '이 순간 나는 힘들고 아프다'는 사실을 부정하지 않고, 그 감정을 있는 그대로 받아들이는 것입니다. 그 이후에는 자신에게 필요한 휴식과 치유의 시간을 주어야 합니다.

고통은 지나갑니다. 비록 지금은 아프고 힘들지만, 시간이 지나면 그 아픔은 조금씩 누그러지고, 다시 일어설 수 있습니다. 중요한 것은 그 고통 속에서도 희망을 잃지 않는 것입니다.

Oct 19th

 빨강 봉선화 Balsam - 날 건드리지 마세요

외로움은 삶에 아름다움을 더한다. 그것은 일몰에 특별한 불길을 더하고
밤 공기를 더 향기롭게 만든다. 헨리 롤린스

◇◇◇◇◇◇

혼자 있는 것이 더 편하고 사람들과 어울리고 싶지 않은 마음은 자연스러운 감정입니다. 현대 사회에서는 사람들이 많은 시간과 에너지를 타인과의 관계에 투자하는 반면, 혼자 있는 시간의 중요성이나 그로 인한 자기 탐색은 상대적으로 덜 강조될 때가 많습니다. 하지만 자기만의 시간을 갖고, 자신을 돌보는 것은 매우 중요한 일입니다.

혼자 있는 시간을 의미 있게 보내려면 자기만의 공간을 만드는 것이 중요합니다. 물리적인 공간일 수도 있고, 정신적인 공간일 수도 있습니다. 자신이 편안하고 안정감을 느끼는 곳에서 자기만의 시간을 가지며 에너지를 충전하는 것이 좋습니다. 혼자 있는 시간을 어떻게 활용할지에 대한 것은 개인의 선택입니다. 자신에게 맞는 방식으로, 자신만의 행복을 찾아 나서면 되니까요.

Oct 20th

 마 Indian Hemp - 운명

운명이란 늘 우연을 가장해서 온다. 기드 모파상

◇◇◇◇◇◇

운명은 인간의 삶에서 일어나는 중요한 사건이나 만남이 미리 정해져 있다는 믿음입니다. 이를 믿는 사람들은 삶의 많은 부분이 이미 결정되어 있기에, 그저 받아들이고 살아가는 것이 중요하다고 생각합니다. 어떤 일이 일어나더라도 그것은 운명에 의한 것이라고 믿으며, 자신이 통제할 수 없는 부분에 대해 불안감을 느끼지 않으려 합니다. 운명에 대한 믿음은 불확실한 삶에 위안을 줄 수 있습니다. 인생에서 예상치 못한 일들이 일어날 때, '그것도 다 운명이었겠지'라고 생각하면서 그 상황을 받아들이니까요. 하지만 운명을 믿는다고 해서 아무것도 할 수 없다는 것은 아닙니다. 운명을 믿든 믿지 않든, 삶에 대한 주도권을 가지고 살아가려는 태도가 중요합니다. 우리가 선택하는 대로 운명이 바뀔 수 있다는 사실을 잊지 말아야 합니다.

Oct 21st

엉겅퀴 Thistle - 독립

> 자립은 외부의 도움 없이 자신의 힘으로 일어설 수 있는 능력이다.
> 그것은 진정한 자유를 의미한다. 엘리너 루스벨트

◇◇◇◇◇◇

독립적인 삶은 정신적, 감정적, 경제적 자립을 포함한 전반적인 자율성을 의미합니다. 자신을 책임지는 삶입니다. 그 과정에서 자기 주도성을 발휘해야 합니다. 일상적인 결정부터 중요한 삶의 선택까지 누구의 도움 없이 스스로 판단하고 실행하는 능력이 필요합니다.

감정적으로 독립적이란 말은, 자신의 감정을 외부 환경이나 타인에게 의존하지 않고 스스로 관리하는 것입니다. 다른 사람들의 기대나 비판에 과도하게 영향을 받지 않고, 자신의 감정을 잘 다스리는 능력입니다. 경제적 독립은 자신의 경제적 기반을 확립하고, 소득과 지출을 스스로 관리할 수 있는 능력입니다.

독립적인 사람이 된다는 것은 자신을 깊이 이해하고, 책임감 있게 살아가며 감정과 행동을 자율적으로 관리하는 것입니다. 자신의 내적인 힘을 키우고, 세상과 타인에게 의존하지 않는 자유로운 삶을 살아가는 일입니다.

Oct 22nd

 벗풀 Arrow-Head - 신뢰

신뢰는 사람들 간의 풋대가 되고, 세상을 더 나은 곳으로 만들어갑니다. 드웨인 도슨

신뢰를 쌓기 위해서는 상대방을 이해하고 배려하는 마음이 필요합니다. 그 사람의 감정이나 상황을 이해하고, 그에 맞는 행동을 취하는 것이 중요합니다. 신뢰는 하루아침에 쌓이는 것이 아닙니다. 꾸준한 시간과 노력이 필요합니다. 작은 약속을 지키고, 서로 원만하게 소통하며 관계를 발전시켜야 합니다. 시간을 두고 일관되게 노력하는 사람이 결국 큰 신뢰를 얻습니다.

Oct 23rd

 흰독말풀 Thorn Apple - 경애

경애는 단순한 존경을 넘어서, 깊은 감동과 숭고함을 느끼는 것이다.
그것은 마음에서 우러나오는 진심이다. 마하트마 간디

◇◇◇◇◇◇

경애는, 깊은 존경과 사랑을 동시에 느끼는 감정입니다. 상대방을 존경하거나 사랑하는 것을 넘어서 상대방의 인격과 삶의 방식, 가치관을 깊이 이해하고 그에 따라 존중을 표하는 것입니다. 부모님이나 선생님, 지도자와 같은 사람들이 우리의 삶에 미친 영향이 클 때, 우리는 그들을 경애합니다.

경애는 사랑과 밀접하게 연결되어 있지만, 사랑이 개인적인 감정에 가깝다면 경애는 그 감정의 표현이, 보다 넓고 깊은 존경의 의미를 지닙니다. 사랑이 주로 감정적이고 상대방과의 감정적 연대를 중시한다면, 경애는 객관적인 가치와 품성에 대한 인식과 존경을 강조합니다. 도덕적, 정신적 면모에 대해 더 깊은 존경을 나타내는 감정입니다.

Oct 24th

 매화 Prunus Mume - 고결한 마음

고결한 마음은 사람을 정의로 이끌고, 세상을 더 나은 곳으로 만들기 위한 원동력이 된다.
마르쿠스 아우렐리우스

◇◇◇◇◇◇

물질적 욕망이나 외적인 명예에 흔들리지 않고, 내면의 도덕적 가치와 인간적인 미덕을 중요시하는 마음입니다. 타인에게 선한 행동을 하는 것뿐만이 아니라, 진실하고 착한 의도입니다. 이 마음은 타인의 기대나 사회적 기준에 휘둘리지 않고, 자신이 옳다고 믿는 가치에 충실해지려는 태도에서 출발합니다.

이는 내면에서 우러나오는 순수성을 바탕으로 합니다. 순수함은 타인의 욕망이나 유혹에 흔들리지 않고, 자신이 옳다고 믿는 가치와 원칙에 따라 행동하는 것입니다. 타인을 배려하고, 부정이나 부패에 굴복하지 않으며, 정직하고 진실한 태도를 유지하는 것이 바로 고결함의 핵심입니다.

Oct 25th

 단풍나무 Aceraceae - 염려

걱정은 내일의 문제를 빼앗는 것이 아니라, 오늘의 평화를 앗아간다. 랜디 암스트롱

◇◇◇◇◇◇

염려란, 어떤 일이 일어날지도 모른다는 불확실성에 대한 걱정과 두려움이 겹친 마음입니다. 우리는 간혹 미래의 불확실성 속에서 나쁜 일이 일어날 것만 같은 상상에 빠지곤 합니다. 이때 염려는 불확실한 상황에 대비하기 위한 무의식적인 마음의 방어기제로도 볼 수 있습니다.

하지만 염려가 지나치면 그 자체로 큰 스트레스가 됩니다. 끝없이 떠오르는 걱정과 두려움은 해결할 수 있는 문제들조차도 더 어렵게 만들고, 정신적, 육체적으로 피로감을 초래합니다. 또한, 과도한 염려는 정신을 압박하고, 일어나지도 않은 일에 대해 불필요한 에너지를 소모하게 합니다.

염려를 줄이는 방법은 긍정적인 사고방식을 유지하는 것입니다. 미래에 대한 걱정은 주로 최악의 상황을 상상할 때 생깁니다. 그런 상상을 반복하면, 실제 상황이 그렇지 않더라도 그에 대한 두려움이 점점 커집니다. 긍정적인 생각을 통해 상황을 더 나은 방향으로 바라보는 연습이 필요합니다. '마음 챙김$_{mindfulness}$'을 실천하는 것도 염려를 줄이는 데 도움이 됩니다. 마음 챙김은 현재 순간에 집중하는 기술로, 불필요한 염려에서 벗어나는 방법입니다.

Oct 26th

 수영 Rumex - 애정

누군가 꽃을 가져다 주기를 기다리지 말고, 자신만의 정원과 영혼을 가꿔라. 베로니카 쇼프스톨

◇◇◇◇◇

시들어가는 식물을 살리는 조건은 간단합니다. 물병, 물만 있으면 됩니다. 그런 후 천천히 식물이 살아날 때를 기다리면 됩니다. 그러면 언제 그랬냐는 듯 회복된 것을 볼 수 있습니다. 사람도 이런 과정을 거치면 치유되지 않을까요. 뭉그러진 마음을 알아채고, 치료 방법을 전문적으로 고민해 주는 사람과 함께 깨끗이 그 상처를 잘라 내고 필요한 조치를 한 후, 가만히 나에게 회복할 시간을 주는 것.
-『죽고 싶은 내 두 손에 식물이』 심경선, 도서출판 날 2022

우울증, 불안장애 등 마음의 병을 앓았던 저자가 식물을 기르면서 마음의 상처를 치유해 나간 이야기들을 솔직하고 담담하게 쓴 에세이입니다. '식물에 물을 주었는데 내 삶이 파릇해졌다'는 저자의 말처럼 자신이 식물을 돌본다고 생각했지만, 오히려 식물들 덕분에 자신이 살아날 수 있었음을 깨닫습니다. 자신을 잘 돌본다는 것은, 자신을 가만히 관찰하고 살펴 주는 것입니다.

Oct 27th

 들장미 Briar Rose - 시

그림은 침묵의 시이며, 시는 언어적 재능으로 그려내는 그림이다. 시모니데스

◇◇◇◇◇◇

나는 항상 시詩를 기다리는 사람이므로, 감히 시를 사랑하는 사람이라고 스스로 생각하고 있습니다. 사랑하지 않고서야 이렇게 지난한 기다림을 이토록 오래 반복할 수 있을까요. 앞으로도 혼자 애태우며 단 한 번도 역전될 가망성이라고는 눈곱만큼도 없을 게 뻔한 그 기다림을 왜 자발적으로 각오하는 것일까요. 수십 번 아니 수백 번도 더 되물었던 이 물음에 대하여 나는 명쾌한 답이 없습니다. 다만, 사랑이 불가해한 속성으로 이루어지는 숙명인 것처럼 내 사랑도 그런 것임을 조금 눈치채고 있을 뿐입니다.

Oct 28th

 ## 무궁화 Rose of Sharon - 미묘한 아름다움

아름다움은 원인이 아닙니다. 그렇습니다. 에밀리 디킨슨

◇◇◇◇◇◇

아침 햇살이 창가를 비추며 방 안에 부드러운 그림자를 드리우는 순간, 바람에 흔들리는 나뭇가지가 만들어내는 은은한 소리의 아름다움. 이런 장면들은 일상에 자연스럽게 존재하며, 그것을 느끼는 순간 차분하고 고요한 평화로움이 찾아옵니다.

이 아름다움은 예술 작품 속에서 디테일과 감각적인 요소로 나타납니다. 그림이나 음악, 문학에서의 섬세한 터치와 조용한 분위기가 주는 감동은 미묘한 아름다움의 진수입니다. 예술가의 의도나 기법을 알지 못해도, 그 작품 속에서 느껴지는 묘한 감정의 흐름이 우리를 사로잡는 것이지요.

미묘한 아름다움은 깊은 감수성을 가지고 삶을 바라볼 때 발견됩니다. 눈에 보이지 않는 부분에서 우리의 감성을 흔들고, 잔상이 오래도록 남습니다. 작고 소소한 것에서 깊은 의미를 발견하는 능력이 우리에게 더욱 풍요로운 삶을 선사하는 이유입니다.

Oct 29th

 해당화 Crab Apple - 이끄시는 대로

마음을 위대한 일로 이끄는 것은 오직 열정, 위대한 열정뿐이다. 드니 디드로

◇◇◇◇◇◇

이 표현은 종교적인 맥락에서 자주 사용됩니다. 신앙심이 깊은 사람들은 '하나님이 이끄시는 대로'라는 말을 통해 신의 뜻에 따르고, 신의 인도에 따라 삶을 살아가겠다는 다짐을 표현합니다. 또한 지도자나 멘토, 혹은 상사의 지시를 따를 때도 사용됩니다. 상대방의 경험이나 지혜를 신뢰하고, 그에 맞춰 가려는 태도를 의미합니다.

이끄시는 대로는, 자기 주도적인 삶과 대조적인 의미를 갖습니다. 자기가 결정을 내리고 주도적으로 행동하는 것과 달리, 타인의 의견이나 이끌림에 의존하기 때문입니다.

Oct 30th

 로벨리아 Lobelia - 악의

너의 길을 가라. 남들이 무엇이라 하든지 내버려두라. 단테

◇◇◇◇◇◇

악의가 없다는 말은 그 사람의 행동이나 말이 상처를 줄 의도가 없다는 것을 뜻합니다. 이는 고백적이거나 변명처럼 들릴 수 있습니다. 실수로 누군가를 다치게 했을 때, 그 사람은 의도하지 않았다고 말하며 악의가 없다고 주장합니다. 이때 그 말은 자신의 의도가 부정적이지 않았음을 밝히려는 고백입니다.

이 말이 중요한 이유는, 사람들의 행동에 숨겨진 의도가 관계에서 얼마나 중요한지를 보여주기 때문입니다. 우리는 타인의 의도에 따라 그들의 행동을 평가합니다. 누군가가 나에게 상처를 주었을 때, 고의였는지 아니면 실수였는지를 알게 되면, 그 사람에 대한 감정이나 판단이 달라지니까요. 하지만 의도적으로 상처를 주지 않았다고 해서 그 결과에 대한 책임이 면제되는 것은 아닙니다. 행위의 결과에 대한 책임을 대신할 수는 없습니다.

Oct 31st

 칼라 Calla - 열혈

가장 열광적인 꿈을 꿔라. 그러면 열광적인 삶을 살게 될 것이다. 나폴레온 힐

◇◇◇◇◇◇

열혈팬이란, 특정한 인물, 팀, 작품, 브랜드 등에 대해 남다른 애정과 열정을 쏟는 사람을 뜻합니다. 이들은 관심을 넘어서 심리적, 정서적으로 깊은 연대감을 느끼며, 그 대상을 지지하고 응원하는 모습을 보입니다. 보통 자신이 응원하는 대상에 대해 깊은 애정과 충성심을 가지고 있습니다. 또한 그들이 좋아하는 대상을 위해 굿즈를 구입하거나, 관련된 행사에 참여하며, 이를 통해 경제적인 힘을 만들어내기도 합니다.

하지만 열혈팬의 과도한 애정은 때로 집착으로 변질될 수 있습니다. 자기중심적인 팬의 행동이나 상대방의 사생활을 침해하는 행동은 팬덤 내에서도 문제가 됩니다. 팬이라면 좋아하는 대상을 너무 지나치게 이상화하거나, 다른 팬과 비교하며 갈등을 일으키지 않는 것이 필요하겠지요.

고요와 회상의 달
The Month of Stillness and Reminiscence

Nov 1st

서양모과 Medlar - 유일한 사랑

사랑은 아무것도 바꾸지 않는 것처럼 보이지만, 모든 것을 변화시킨다. J. 마일즈

유일한 사랑을 정의하는 것은 매우 개인적이고 철학적인 질문입니다. 각자 다른 경험과 가치관에 따라 그 답이 달라질 수 있으니까요. 부모가 자식에게, 또는 사랑하는 사람이 서로에게 주는 무조건적인 사랑은 세상에서 유일한 사랑으로 여겨집니다. 이 사랑은 조건이나 대가 없이, 상대방의 모든 면을 받아들이고 사랑하는 형태입니다. 자신을 사랑하는 것 역시 유일한 사랑이라고 할 수 있습니다. 자기 자신을 온전히 받아들이고 사랑하는 능력이 다른 사랑을 가능하게 한다는 점에서, 이 사랑 없이는 모든 다른 사랑이 이루어지기 어렵다는 철학적 관점도 있습니다.

사랑은 우리 모두를 연결해 주는 힘이고, 그 자체로 특별합니다.

Nov 2nd

 루피너스 Lupinus - 모성애

모성, 모든 사랑은 거기에서 시작되고 끝난다. 로버트 브라우닝

◇◇◇◇◇◇

우리가 떠올리는 모성의 모습은 무한한 희생과 사랑입니다. 하지만 요즘 젊은 엄마 중에는 아이가 사랑스럽지 않다고 말하는 사람들이 있습니다, 모성애가 없다고 말하는 엄마들이 늘고 있는 것입니다. 어머니 세대보다 더 많이 배웠고, 더 많은 육아 정보 속에서 아이를 키우면서도 엄마로 사는 게 행복하지만은 않은 건 왜일까요.

시대가 변하면서 여성의 학력과 지위는 해가 갈수록 남성들과 동등해지고 있습니다. 하지만 정작 '어머니'에 대한 가치관은 60~70년대, 억척스럽던 모성상 그대로 머물러 있습니다. 아이를 위해서 당연히 포기하고, 당연하도록 부여받은 엄마의 역할.

아이는 정말 엄마의 가장 큰 행복인 걸까요. 자녀를 키우는 엄마들을 대상으로 진행한 연구 결과에 따르면, 엄마들의 일상 활동 중 가장 큰 행복이 자녀를 돌볼 때라고 나타났습니다. 그런데 놀라운 사실은 엄마들이 가장 우울하고 피곤하다고 느끼는 상황 또한 자녀를 돌보는 상황이었습니다. 즉, 아이는 엄마의 가장 큰 행복임과 동시에 가장 큰 스트레스인 것입니다.

엄마들의 가슴속에 새겨진 엄마라는 이름의 주홍글씨.

Nov 3rd

 브리오니아 Bryonia - 거절

당신이 모든 사람을 기쁘게 하려고 하면, 결국 누구도 기쁘게 할 수 없다. 에드 시런

◇◇◇◇◇◇

거절을 유달리 힘들어하는 사람이 있습니다. 거절했을 때 상대방이 상처받을까 봐 두려워하는 마음이 크기 때문입니다. 거절은 상대방의 존재를 거부하는 행위가 아닙니다. 내가 거절하는 것은 그저 상대의 요청일 뿐입니다. 문제는 거절 자체가 아니라 거절하는 태도에 있습니다. 내 상황이 안 되는데도 불구하고 거절하지 못해 끌려다니며 불평하는 것보다는, 정중하고 부드럽게 거절하는 것이 좋습니다.

착한 아이 콤플렉스를 가지고 있는 사람들은 거절을 잘하지 못합니다. 나를 힘들게 하는 부탁도 기꺼이 들어주려고 합니다. 그리고 혼자서 끙끙댑니다. 타인의 부탁을 들어주는 것이, 나에게 힘든 일이 되어서는 안 됩니다. 거절은 하나의 의사 표현일 뿐입니다.

Nov 4th

 골고사리 Hart's-Tongue Fern - 진실의 위안

자신을 대할 때 철저히 진실하지 않은 사람은 위대한 일을 해낼 수 없다. 제임스 러셀 로웰

◇◇◇◇◇◇

진실이 위안이 되는 이유는 가장 진지하게 마주할 수 있는 현실이기 때문입니다. 거짓과 왜곡 속에서 우리는 늘 불안정한 발걸음을 내딛습니다. 그것은 일시적인 평화를 제공할 뿐, 지속적인 안정과 행복을 안겨주지 않습니다. 그러나 진실을 마주하게 되면, 우리는 어떻게든 헤쳐 나갈 수 있는 현실적인 바탕을 마련합니다.

사람들은 진실을 알게 되면 더 큰 고통을 겪게 될 것이라고 합니다. 그러나 적어도 무엇을 해야 할지, 무엇을 피해야 할지 명확해집니다. 진실은 때로 우리가 상상했던 것보다 더 큰 용기와 결단을 필요로 하지만, 용기를 내고 진실을 받아들였을 때 빠른 치유의 길을 찾을 수 있습니다.

Nov 5th

 단양쑥부쟁이 Fig Marigold - 공훈

진정한 공훈은 남들이 보지 않을 때에도 최선을 다하는 것이다. 존 우든

◇◇◇◇◇◇

문학기행 답사를 위해 춘천을 방문했다가, 공지천 변에 자리한 '에티오피아 한국전 참전 기념관'을 관람했습니다. 에티오피아는 한국전쟁에 유엔군 전투부대를 파병한 16개국 가운데 하나입니다. 에티오피아가 한국전에 참전한 데는 특별한 사연이 있습니다. 1935년 이탈리아가 에티오피아를 침략했고, 에티오피아는 세계 각국에 도움을 요청했으나 외면당했습니다. 이런 아픔을 겪은 하일레 셀라시에 1세 에티오피아 황제는 한국전쟁이 발발하자 파병을 결정한 것입니다.

부대 이름 '강뉴 Kagnew', 상대에게 결정적 타격을 주거나 궤멸한다는 뜻의 에티오피아 말입니다. 철군할 때까지 연인원 3,518명을 파병했으며 화천과 철원, 양구, 가평 등 총 253회 전투에서, 단 한 번도 패배하지 않은, 전승 全勝 부대였습니다. 전사 122명, 전상 536명. 포로가 된 군인은 한 명도 없습니다. 동판에 새긴 전사자 명단을 보았습니다. 이 낯설고 먼 나라까지 와서 목숨을 걸고 전쟁에 뛰어든 사람들. 전사자의 이름 앞에서 절로 숙연해집니다.

Nov 6th

 등골나물 Agrimonia Eupatoria - 주저

성공한 사람과 실패한 사람의 차이는 결정을 내리는 순간의 주저함에 있다. 앤디 앤드루스

◇◇◇◇◇◇

주저함의 가장 큰 원인 중 하나는 불확실성입니다. 어떤 결정을 내릴 때, 그 결과를 예측할 수 없다면 불안해지기 쉽습니다. 미래에 대한 불확실성은 사람들에게 주저함을 불러일으키며, 그로 인해 중요한 결정을 미루거나 선택하지 못하는 경우가 있습니다.

사람들은 실패를 피하고자 하는 강한 욕구가 있습니다. 실패가 부끄러움이나 자존감의 손상, 사회적 평가에 미치는 영향을 두려워하기 때문에, 문제를 해결하려는 시도를 주저하게 됩니다. 그 결과, 완벽하지 않은 선택을 하기보다 그저 미루거나 회피하는 선택을 할 때가 많습니다. 중요한 결정을 내려야 할 때, 결과에 대한 책임감과 그로 인한 부담감이 커질 수 있습니다.

완벽하게 하려고 하는 욕구도 주저하게 만드는 요인입니다. 완벽하게 해내야 한다는 생각에 빠지면, 그로 인해 결정을 미루거나 아무것도 시작하지 않으니까요.

Nov 7th

 메리골드 Marigold - 이별의 슬픔

때로는 누군가를 잃는 것이 자신을 찾는 방법이 될 수 있다. 캐롤 린 피어슨

◇◇◇◇◇◇

이별의 슬픔은 예상할 수 없는 순간에 찾아옵니다. 사랑하는 사람과의 관계가 끝나는 것은, 그동안 의지해왔던 부분이 갑자기 사라지는 것입니다. 함께 나누었던 대화, 작은 손길, 아무렇지 않게 지나갔던 일상의 소소한 행복들이 떠오르면 그리움이 몰려옵니다.

이별은 감정의 끝을 의미하는 것처럼 보이지만, 사실 끝이 아니라 새로운 시작의 전환점일 수도 있습니다. 그러나 그 전환을 받아들이는 일은 결코 쉬운 일이 아닙니다. 슬픔 속에 잠기며 그 사람을 잊으려 해도, 그 기억은 언제나 마음 깊은 곳에서 떠오릅니다. 모든 것이 끝났다는 사실을 인정하는 데는 시간이 필요합니다.

슬픔을 겪고 나면, 다시 웃을 수 있는 날이 옵니다. 그 사람과의 추억이 너무 소중하고 아름다웠기 때문에, 그 슬픔은 그 자체로도 가치 있는 경험입니다.

Nov 8th

 가는 동자꽃 Lychnis Flos-Cuculi - 기지

기지는 위기의 순간에 가장 빛난다. 아리스토텔레스

◇◇◇◇◇◇

기지의 중요한 특성 중 하나는 적응력입니다. 변화하는 상황에 맞춰 빠르게 전략을 바꾸고, 필요한 순간에 과감하게 결정을 내리는 능력은 기지를 가진 사람의 특징입니다. 이들은 불확실한 상황에서도 차분하게 머릿속에서 해결책을 떠올리고, 그 해결책을 실현할 수 있는 방법을 찾습니다.

기지를 발휘하려면, 불확실한 상황에서 과감한 결정을 내리거나 다른 사람들의 시선에 구애받지 않고 새로운 길을 선택해야 할 때가 많습니다. 이때 그 결정을 실행에 옮길 수 있는 용기가 뒷받침되어야 합니다. 기지는 우리가 예측할 수 없는 상황에서 길을 찾을 수 있는 능력입니다.

Nov 9th

 몰약의 꽃 Myrrh - 진실

> 진실이 신발을 신는 동안 거짓말은 지구 반 바퀴를 여행할 수 있다. 찰스 스펄전

◇◇◇◇◇◇

요즈음에는 짝퉁 시장이 많이 발달 되었습니다. 진품은 수백만 원짜리 제품이지만 너무도 감쪽같이 만들어 염가에 파는 시장입니다. 그러나 우리는 그 진짜와 다를 바 없는 짝퉁에 통명스럽게 반응하기 일쑤입니다. 어, 이거 짝퉁이야? 진짜인 줄 알았네. 그 진심은 무엇일까요. 진짜를 알고 싶어 하는 인간의 성향은 너무도 쉽게 관찰됩니다.

영화〈완벽한 타인〉은 핸드폰을 공개하는 진실 게임으로 인해 가정과 우정이 파탄 나는 내용입니다. 내가 타인의 진짜 모습을 알지 못했다는 것에 대한 좌절과 실망감 그로 인한 배신감이 영화 전체를 이끌어 갑니다. 인간관계의 기본은 신뢰가 아니던가요. 내가 모르는 모습을 보여준 그 사람은 내가 알던 친구가 아니었습니다. 하지만 진실이 무엇이든 간에 진실을 알아야만 된다는 것일까요.

사실 진실은 중요치 않습니다. 정보는 너무도 많으며 우리가 그것의 진실 여부를 따지기에는 너무도 바쁩니다. 우리 판단의 기초, 믿음의 기초는 대부분 진실과는 괴리가 있는 사실과 다르지 않습니다. 우리가 진실이라 믿는 그것은 사상누각일 뿐입니다.

Nov 10th

 부용 Hibiscus Mutabilis - 섬세한 아름다움

> 미는 어디에나 있다. 그것은 결코 우리의 시야 내에 없을 리 없다.
> 다만, 우리의 눈이 그것을 알아보지 못할 뿐이다. 로댕

◇◇◇◇◇◇

거친 손길로는 느낄 수 없는 부드러움이 있고, 빠른 걸음으로는 보이지 않는 작은 변화가 있습니다. 섬세한 사람은 그 속에서 감정을 읽고, 아름다움을 찾아냅니다. 예술가들은 섬세한 감각으로 세상을 해석하고 표현합니다. 화가는 붓끝에서 미세한 색조의 차이를 조율하고, 작가는 문장의 작은 떨림으로 감정을 전합니다. 음악가는 한 음 한 음에 감정을 담아 연주하고, 무용가는 손끝의 움직임으로 이야기를 전합니다. 이러한 섬세함이 모여 하나의 예술 작품이 완성되는 것입니다.

우리 일상에서도 섬세함은 중요한 역할을 합니다. 가까운 사람의 기분 변화를 알아채고 먼저 다가가는 것, 말 한마디에도 신중함을 더하는 것, 자연의 변화에 눈길을 주는 것 이러한 작은 순간들이 모여 관계를 깊어지게 하고 삶을 더욱 풍요롭게 만듭니다.

섬세함은 타고나는 것만이 아닙니다. 천천히 걸으며 주변을 살펴보는 습관, 상대방의 말을 주의 깊게 듣는 태도, 작은 변화에 감탄하는 마음가짐을 기른다면 누구나 섬세한 사람이 될 수 있습니다.

Nov 11th

 흰동백 Camellia - 비밀스런 사랑

숨겨진 사랑은 달빛처럼 빛나지만, 그 빛은 혼자만의 것이다. 미상

◇◇◇◇◇◇

비밀은 우리가 선택적으로 숨기거나 감추는 것입니다. 어떤 사람들은 비밀을 지니는 것에 대해 부담감을 느끼기도 하고, 또 어떤 이들은 그 비밀을 소중히 간직하며 보호하려고 합니다. 비밀의 종류는 다양합니다. 그것은 개인적인 생각, 감정, 과거의 경험일 수도 있고, 타인과의 약속이나, 사회적, 법적인 이유로 숨겨야만 하는 정보일 수도 있습니다. 비밀이란 단순한 숨기기 그 이상의 의미를 지니며, 때로는 그것을 간직하는 것만으로도 큰 책임감을 느낍니다.

비밀을 지키는 것은 신뢰의 증거입니다. 우리는 누구에게나 일부 비밀을 공유하지만, 그 비밀을 얼마나 잘 지키는지가 관계의 진실성을 결정짓기도 합니다. 비밀을 남에게 털어놓고, 그것이 안전하게 지켜지지 않았을 때, 그 관계는 큰 위기를 맞습니다. 비밀이 관계에 불신을 초래하기도 하고, 심지어 갈등을 낳기도 하니까요.

Nov 12th

 레몬 Lemon - 진심으로 사모함

멀리서 바라보는 사랑은 때때로 가장 순수한 사랑이다. 미상

◇◇◇◇◇◇

사모하는 마음에는 그리움이 존재합니다. 그 사람과 함께 있는 시간이 짧게 느껴지고, 그 사람의 목소리, 모습, 말투 하나하나가 그리워지는 마음입니다. 그 사람과의 모든 순간을 소중히 여기고, 그 사람의 존재가 나에게 얼마나 큰 의미인지 깨닫게 합니다. 진심으로 사모하는 사람은 그 사람의 행복을 위해서라면 자신이 조금 더 멀리서라도 지켜보는 것에 만족할 수 있습니다.

이 마음은 상대방이 자신에게 관심을 보이지 않거나, 답이 없을지라도, 변함없이 순수하게 존재합니다. 그 사람이 행복하기를 바라는 마음에서, 그 사람의 삶을 방해하거나 요구하지 않으며, 다만 그를 이해하고 응원하는 것만으로도 충분합니다. 시간이 지나도 변하지 않고, 그 사람에게 가장 큰 위로와 힘이 되어주는 마음입니다.

Nov 13th

 레몬 버베나 Lemon Verbena - 인내

인내가 최상의 미덕이다. 카토

◇◇◇◇◇◇

대부분의 큰 성취는 하루아침에 이루어지지 않으며, 꾸준한 노력과 시간이 필요합니다. 스포츠에서는 최고의 선수가 되기까지 수많은 훈련과 실패를 반복합니다. 마찬가지로, 학문이나 직장에서의 성취, 개인적인 꿈을 이루기 위한 노력 역시 인내 없이는 불가능합니다.

삶에서 감정적 충동이나 즉각적인 만족을 추구하는 유혹에 맞서야 할 때가 있습니다. 건강을 유지하기 위해서는 현재의 달콤한 유혹을 참아야 하며, 재정적으로 안정된 삶을 위해서는 소비를 자제하고 장기적인 계획을 세우는 것이 필요합니다. 인내는 그 유혹을 이겨내고, 더 큰 보상을 위해 기다리는 힘입니다.

어려운 시기를 겪으며 그 과정을 견디는 것은 자신에 대한 믿음과 강한 자아를 형성하는 데 큰 도움이 됩니다. 자신의 한계와 마주하며, 그것을 넘어서기 위한 도전을 경험하는 것입니다.

Nov 14th

 소나무 Pine - 불로장생

불로장생을 찾기보다, 하루를 천 년처럼 값지게 살아라. 동양 속담

불로장생에 대한 상상은 오래전부터 인간의 꿈이었습니다. 신화 속 불사의 존재들은 언제나 사람들에게 매력적인 이미지로 다가왔습니다. 불로장생을 얻으면 모든 지식과 경험을 축적할 수 있고, 새로운 도전과 성취를 경험하는 데 있어 시간의 제약이 없다는 점에서 큰 매력이 있습니다. 또한, 사랑하는 사람들과 함께 시간을 보내며, 관계를 영원히 지속할 수 있다는 점에서 불로장생은 이상적이고 환상적인 꿈처럼 보입니다.

하지만 시간이 영원하다면, 인간은 삶의 의미를 잃을 수도 있습니다. 한정된 시간이기에, 우리는 선택과 결정을 통해 의미 있는 삶을 만들어 나갑니다. 사랑하는 사람들과의 관계, 삶의 목적을 이루기 위한 노력 그리고 실패와 성공을 통해 성장하는 과정이 유한한 삶의 아름다움입니다. 끝이 있다는 것을 알고 살아가는 것이, 더 풍요롭고 깊이 있는 삶을 가능하게 하는 것은 아닐까요.

Nov 15th

 황금싸리 Crown Vetch - 겸손

자신을 낮추는 것은 자신을 높이는 것이다. 탈레반트

◇◇◇◇◇◇

진정한 겸손은 자신을 있는 그대로 이해하고, 다른 사람들을 배려하는 마음에서 나옵니다. 겸손은 사람들을 끌어들이는 특별한 힘이 있습니다. 자만하거나 교만한 사람은 주변 사람들과의 거리가 멀어지고, 신뢰를 얻기 어렵습니다. 반면 겸손한 사람은 다른 사람들과 쉽게 소통하고, 깊은 신뢰를 얻습니다. 그들은 자신의 부족함을 인정하고, 타인의 장점과 의견을 겸허히 받아들이기 때문입니다.

겸손은 행복과도 깊은 연관이 있습니다. 자신을 과도하게 평가하거나, 타인과 끊임없이 비교하는 삶은 불행을 초래합니다.

Nov 16th

 크리스마스 로즈 Christmas Rose - 추억

추억은 과거의 지식, 현재의 힘, 미래의 안정이다. 램다스

◇◇◇◇◇◇

추억은 시간이 남긴 그림자입니다. 빛이 비치면 길어지고, 어둠에서는 희미해집니다. 그러나 사라지지 않는 흔적, 그것이 바로 추억입니다. 낡은 책장을 정리하다가 오래된 편지 한 장을 발견했습니다. 빛바랜 종이 위에 남겨진 글씨들은 마치 시간을 거슬러 온 듯했습니다. 손끝으로 종이를 쓸어보니 그날의 공기가, 그날의 온도가, 그날의 감정이 되살아났습니다. 다정한 음성이 귓가에 맴돌고, 잊었다고 생각했던 기억들이 다시금 선명해졌습니다.

시간이 흐를수록 사람들은 많은 것을 잊습니다. 얼굴을, 목소리를, 어떤 순간의 감정을. 하지만 잊힌다고 해서 사라지는 것은 아닙니다. 낙엽 아래 묻힌 씨앗처럼, 어느 순간 불현듯 다시 피어납니다. 노래의 한 구절이, 어떤 향기가, 어떤 장소가 다시금 그때로 데려다줄 때, 우리는 알게 됩니다. 추억은 사라지는 것이 아니라, 우리 안에 깊숙이 자리 잡고 있다는 것을.

Nov 17th

 머위 Sweet-Scented Tussilago - 공평

삶은 공평하지 않다. 다만 죽음보다는 공평할 뿐이다. 윌리엄 골드먼

◇◇◇◇◇◇

우리는 모두 다른 출발선에서 인생을 시작합니다. 어떤 사람은 사랑받는 가정에서 태어나 좋은 교육과 자원을 제공받으며, 또 어떤 사람은 불리한 환경에서 태어나 어려운 시작을 해야 합니다. 태어날 때부터 차별적인 환경에 놓인 사람들은 그들의 잠재력을 발휘하는 데 있어서 많은 제약을 받습니다. 반면, 혜택을 많이 받은 사람들은 더 많은 기회를 누리고 성장할 가능성이 커집니다.

많은 면에서 세상은 공평하지 않습니다. 모든 이에게 동일한 기회가 주어지지 않는 현실은 여전히 존재하니까요. 그럼에도 서로를 배려하며 더 나은 세상을 만들기 위한 노력은 계속해야 하지 않을까요.

Nov 18th

 산나리 Lily of the Valley - 장엄

우리는 별의 먼지로부터 왔고, 결국 다시 별로 돌아간다. 칼 세이건

◇◇◇◇◇◇

장엄한 죽음을 이야기할 때, 자신의 삶을 완성하는 죽음에 대한 개념이 등장합니다. 즉, 그 사람이 삶에서 추구했던 가치를 이루었고, 자신의 역할을 다한 상태에서 맞이하는 죽음입니다. 이 경우, 죽음은 삶의 마지막 승리처럼 여겨질 수 있습니다. 그래서 위대한 업적을 이루거나 다른 이들에게 큰 영향을 미친 사람들이 맞이하는 죽음은 때로 장엄하게 묘사됩니다.

문화나 종교에 따라 죽음에 대한 해석이 달라지기도 합니다. 어떤 이들은 죽음을 단지 신의 뜻을 따른 자연스러운 사건으로 보고, 이를 받아들이는 것이 장엄한 일이라고 여깁니다. 불교에서는 생로병사를 자연의 일부로 보고, 죽음을 부정적인 것이 아닌 삶의 한 과정으로 이해합니다. 기독교에서는 죽음을 영원한 생명으로 나아가는 과정으로 여깁니다.

누구에게나 피할 수 없는 죽음. 각자의 삶의 태도 그 사람이 살아온 방식 그리고 그 사람이 이룬 업적에 따라 죽음은 다르게 평가되는 것 같습니다.

Nov 19th

 범의 귀 Aaron's Beard - 비밀

비밀은 마음속에 품고, 말은 입 밖으로 내지 말라. 톨스토이

◇◇◇◇◇◇

누구에게나 비밀은 있을까요. 사람들은 자신만의 생각이나 감정을 숨기고, 다른 사람들과 나누지 않기를 원합니다. 이는 그 사람의 개인적인 영역을 지키기 위한 방법일 수 있고, 때로는 불편한 진실이나 감정을 피하기 위한 선택일 수도 있습니다. 그렇다면 정말로 비밀 없는 사람이 있을까요. 완전히 비밀이 없는 삶은 존재할 수 있을까요. 사실상, 인간은 누구나 하나 이상의 비밀을 가지고 있습니다. 그것이 감정적 비밀이든, 과거의 비밀이든 또는 단순히 남들에게 말하지 않는 개인적인 취향일지라도, 완전한 비밀 없는 삶을 살아가는 사람은 드물 것입니다.

Nov 20th

 뷰글라스 Bugloss - 진실

진실은 우리를 더 겸손하게 만든다. 달라이 라마

◇◇◇◇◇◇

어느 날, 낡은 거울 앞에 섰습니다. 거울 속의 나는 익숙하지만 어딘가 낯설게 보입니다. 나는 나 자신을 얼마나 알고 있을까. 우리가 말하는 진실이란 과연 무엇일까. 그것은 단순한 사실의 나열이 아니라, 경험과 감정이 덧칠된 또 다른 빛깔을 가진 그림인지도 모릅니다.

진실은 투명한 듯하지만, 손에 잡히지 않는 안개와도 같습니다. 가까이 다가가면 사라지고, 멀리서 바라보면 선명하게 빛납니다. 언제나 진실을 찾으려 하지만, 그것이 눈앞에 있어도 보지 못할 때가 있습니다. 진실은 때로 고통스럽습니다. 어떤 진실은 차가운 바람처럼 우리를 뒤흔들고, 어떤 진실은 서서히 스며드는 독처럼 가슴을 저미게 합니다.

우리는 저마다의 진실을 품고 살아갑니다. 그것이 무엇이든 언젠가는 스스로와 마주할 순간이 찾아옵니다. 그때, 거울 속 자신의 눈을 정직하게 바라볼 수 있을까요. 혹은 여전히 안갯속을 헤매고 있을까요.

Nov 21st

 초롱꽃 Campanula - 성실

자신에게 성실한 것이 가장 중요하다. 오프라 윈프리

◇◇◇◇◇◇

성실은 조용한 빛입니다. 밤하늘을 지키는 별처럼 변함없이 자리하는 존재입니다. 하루하루 쌓아 올린 노력은 바람에 쉽게 사라지는 모래성이 아니라, 단단한 뿌리를 내린 한 그루 나무가 됩니다. 성실이 더딘 길처럼 보일지 모릅니다. 노력은 즉각적인 보상을 주지 않고, 기다림은 길고도 지루하니까요. 하지만 참된 성실은 헛되지 않습니다. 강물이 조용히 흐르며 돌을 깎아내듯, 꾸준한 성실은 결국 길을 만듭니다.

세상은 때때로 요란한 목소리에 휘둘리지만, 결국 남는 것은 묵묵한 성실의 힘입니다. 한 걸음씩 나아가는 발자국이 모여 길을 이루고, 한 마디의 진심 어린 말이 마음을 움직입니다. 우리는 각자의 자리에서 성실의 의미를 찾아갑니다. 누구도 알아주지 않는 순간에도, 누군가에게 보이기 위한 것이 아니라 자신을 위해 한 발 한 발 나아가는 것입니다.

Nov 22nd

 매자나무 Berberis - 까다로움

세상의 까다로움에 지지 말고, 그 까다로움 속에서 자신을 발견하라. 에픽테토스

◇◇◇◇◇◇

까다로움은 섬세함의 또 다른 이름입니다. 세상은 대충 살아가는 법을 가르치려 하지만, 어떤 이들은 사소한 것 하나까지도 놓치지 않으려 합니다. 그들에게 까다로움은 불필요한 집착이 아니라, 완벽함을 향한 열망이며 자신만의 질서를 지키는 방식입니다.

까다로운 사람은 디테일을 놓치지 않습니다. 아무렇게나 맞춰진 조각보다, 꼭 맞는 퍼즐의 조화가 중요하니까요. 사소한 차이를 감지하고, 보통 사람들이 지나치는 것까지도 의미 있게 바라봅니다. 그러기에 타인의 눈에는 지나치게 완고해 보일지도 모릅니다. 대충 그린 선보다 정교한 선이 예술이 되듯, 아무렇게나 흘려보낸 순간보다 공들인 시간이 더 깊은 의미를 가집니다. 세상의 모든 위대한 창조물은 까다로운 손끝에서 태어납니다.

Nov 23rd

 양치 Fern - 성실

성실함은 매일의 선택이다. 존 우든

◇◇◇◇◇

관계와 상황에 따라 성실함의 의미는 조금씩 다를 수 있지만 본질은 같습니다. 학생은 열심히 공부하는 것이 성실입니다. 학습 분위기를 맞추고 시험 범위를 챙기고 충실히 공부하면 성실한 것입니다. 직장인은 열심히 일하는 것이 성실입니다. 업무 일정을 챙기고 문제가 생기지 않도록, 회사에 이익이 되도록 충실하게 일하면 성실한 것입니다. 연인들은 서로의 분위기를 맞추고 더 가까워질 기회를 챙기고 애정이 단단해지도록 만남을 지속하면 성실한 것입니다. 가족들은 모든 것을 챙겨야 성실한 것입니다. 집안의 대소사와 건강과 재산까지 챙기고 다정함을 유지하며 충실히 대화하고 살아가면 성실한 것입니다. 성실하지 못했다면 변명하지 말아야 합니다. 온전히 그대의 잘못입니다.

Nov 24th

 가막살나무 Viburnum - 사랑은 죽음보다 강하다

죽음은 사랑을 멈추게 할 수 없다. 사랑은 영원히 살아남는다. 에드가 앨런 포

◇◇◇◇◇◇

우리는 사랑을 통해 삶의 의미를 찾고, 그것이 주는 기쁨과 고통을 경험합니다. 하지만 사랑이 죽음보다 강한 이유는, 죽음이 모든 것의 끝이 아니기 때문입니다. 사랑은 영원성을 가지고 있습니다. 죽음은 육체의 끝을 의미하지만, 사랑은 그 육체를 넘어 영혼과 기억 속에 살아있습니다. 사랑한 이들을 기억하고, 그들의 사랑을 떠올리며 살아간다면, 죽음은 그저 물리적인 존재의 끝일 뿐 사랑을 완전히 멈출 수는 없습니다.

죽음은 모두에게 피할 수 없는 현실입니다. 죽음은 사람들의 육체적 존재를 분리시키지만, 사랑은 그 이상으로 두 사람 사이의 깊은 연결을 가능하게 합니다. 죽음을 맞이한 뒤에도 사랑은 여전히 남아, 그 사람의 흔적을 따라 기억하고 그 사람과의 관계를 이어갑니다. 그리고 그 사람과 나눈 순간들이 마음에 새겨져, 죽음을 넘어 이어지는 형태로 계속 존재하는 것입니다.

Nov 25th

개옻나무 Rhus Cotinus - 현명

현명한 사람은 자기가 알지 못하는 것을 알며, 그것이 바로 지혜의 시작이다. 소크라테스

◇◇◇◇◇◇

천 년을 산 지혜로운 올빼미가 있었습니다. 그는 나뭇가지 위에 앉아 밤하늘을 바라보며 지나가는 세상의 이야기를 들었습니다. 사람들이 속삭이는 희망과 절망, 사랑과 이별, 선택과 후회를 그는 모두 알고 있었습니다. 어느 날 한 젊은이가 찾아왔습니다. 그는 지친 얼굴로 올빼미에게 물었습니다.

-어떻게 하면 현명한 사람이 될 수 있을까요?

올빼미는 한참 동안 침묵했습니다. 그러다 부드럽게 말했습니다.

-현명함이란 바위와도 같단다. 그것을 쥐려면 손이 무거워지고, 그것을 들고 가려면 걸음이 느려지지. 하지만 바위를 내려놓으면 다시 가벼워지지만, 비로소 바위의 가치를 잃게 되지.

젊은이는 잠시 생각하다가 다시 물었습니다.

-그럼 저는 어떻게 해야 하죠?

올빼미는 날개를 펼치며 말했습니다.

-어떤 이는 무거움을 감수하고 바위를 들고 가고, 어떤 이는 그것을 내려놓고 가벼움을 선택하지. 어느 것이 옳은지는 네가 걸어보아야 알게 되리라.

그는 알고 있습니다. 현명함은 답이 아니라 과정이며, 무게가 아니라 그 무게를 받아들이는 태도라는 것을.

Nov 26th

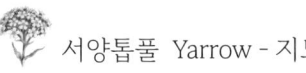 서양톱풀 Yarrow - 지도

우리의 삶은 우리가 선택한 길로 가며, 그 길은 우리가 내린 결정에 의해 그려진다. 조지 엘리엇

◇◇◇◇◇◇

내 삶의 지도는 내가 걸어온 길, 나아가고 있는 방향, 내가 바라는 미래를 담고 있는 중요한 설계도입니다. 지도는 물리적으로 우리가 목적지에 도달할 수 있도록 돕는 도구이지만, 내 삶의 지도는 그보다 더 깊은 의미가 있습니다. 그것은 살아가면서 스스로 그려가는 여정입니다.

내 지도에는 내가 걸어온 길들이 선명하게 새겨져 있습니다. 과거의 결정, 만난 사람들, 경험했던 실패와 성공들 그 모든 것이 지도 위에 하나하나 기록됩니다. 실패와 좌절은 때로 아픔을 주기도 했지만, 그 고통을 통해 배운 것들은 지도에서 중요한 지점이 됩니다. 그 지점들은 내가 앞으로 나아갈 길을 더 잘 이해하고, 방향을 잡는 데 도움을 줄 것입니다. 나의 과거는 왜 그런 선택을 했는지를 알려주는 지도상의 중요한 좌표인 것입니다.

Nov 27th

 붉나무 Rhus - 신앙

신앙이란 우리가 알지 못하는 것을 믿고, 보지 못하는 것을 믿는 것이다. 파울로 코엘료

◇◇◇◇◇◇

『베르나데트의 노래』는 오스트리아 출신 유대계 작가인 프란츠 베르펠이 쓴 소설입니다. 모국이 나치에 의해 합병되고 프랑스마저 점령되자 베르펠은 미국 망명을 결심합니다. 망명 전 프랑스 남서부 피레네 산맥의 루르드라는 곳에 은신하던 중 그곳에 파다했던 베르나데트 이야기를 듣게 되었다고 합니다. 성모 마리아의 발현 이야기였습니다. 이야기에 매료된 그는 1941년 책을 출간합니다.

소설에는 당대 인간의 위선과 모순, 질시와 반목, 배신과 음모가 모두 등장합니다. 신성을 고착시키고 기득권화하는 교회의 위선과 모순도 여지없이 출몰합니다. 이것만이 신이요, 저것만이 신성함이라는 도그마도 근근이 이어졌다 깨졌다 반복합니다. 그러는 동안 인간 내면의 신성함은 도대체 무엇이고 어디까지 가능한가를 묻게 됩니다.

이 소설이 비신앙인에게도 유효한 건 두 가지 이유 때문입니다. 첫째는, 베르나데트가 지었던 고난의 십자가를 통해 당대나 현재나 다를 바 없는 인간계의 비위와 모순을 낱낱이 확인할 수 있다는 것, 그래서 조금이나마 재성찰할 계기가 된다는 점입니다. 두 번째는, 베르나데트의 이야기를 듣노라면 영혼이 정화됨을 느낍니다. 그래서 신의 발현을 말하는 작은 소녀 베르나데트의 영혼에 동화되었음을 수줍게라도 고백할 수 있습니다.

Nov 28th

 과꽃 China Aster - 추상

추상적인 것은 우리가 볼 수 없는 것, 느낄 수 없는 것을 표현하려는 노력이다. 마르셀 프루스트

◇◇◇◇◇◇

추상적 사고는 모호하고 추상적인 개념을 다루기 때문에, 불확실하고 혼란스러울 수 있습니다. 구체적인 경험을 바탕으로 한 사고는 실용적이고 직관적일 수 있지만, 추상적 사고는 사람들 사이에 이해의 차이를 만들기도 하니까요. 같은 추상적 개념에 대해서도 서로 다른 해석이 가능하고, 그로 인해 논의나 토론에서 오해가 생길 수 있습니다. 중요한 것은 두 개념을 균형 있게 사용하는 것입니다. 양자의 상호작용을 통해 보다 깊이 있는 이해와 해법을 찾아야 합니다.

Nov 29th

 바카리스 Baccharis - 개척

개척자들은 나아갈 길이 보이지 않을 때에도 발걸음을 내딛는다. 허버트 후버

◇◇◇◇◇◇

많은 사람은 안전한 길을 택하고, 이미 정해진 궤도를 따르는 것을 선호합니다. 그 길은 예측 가능하고, 그에 따른 위험이 적습니다. 그러나 삶을 개척하려는 사람은 익숙한 길에서 벗어나, 자신만의 길을 찾아 나섭니다. 그 안에서 가능성을 발견하고 한 걸음씩 나아갑니다.

삶을 개척하는 사람은 분명한 자신의 비전과 목표가 있습니다. 그 비전은 추상적일 수 있고, 현실적이지 않은 것처럼 보일 수도 있습니다. 하지만 끊임없이 그 비전을 향해 도전하며, 자신이 원하는 삶을 살아가기 위해 노력합니다. 삶을 개척하는 데 있어 가장 큰 도전은 자신과의 싸움입니다. 두려움과 의심, 불안과 싸워야 합니다.

그 여정에서 얻는 경험과 성장, 자신만의 길을 발견하는 기쁨은 무엇과도 바꿀 수 없습니다. 삶을 개척하는 것은 자신이 얼마나 성장할 수 있는지, 얼마나 더 깊고 넓은 삶을 살 수 있는지를 발견하는 일이니까요.

Nov 30th

 ## 낙엽 Dry Grasses - 새 봄을 기다림

새로운 봄은 우리에게 두 번째 기회를 주는 계절이다. 잃어버린 시간은 봄바람과 함께 돌아온다. 미상

◇◇◇◇◇◇

겨울의 차가운 공기 속에서 미세한 변화가 일어나고 있는 것을 감지합니다. 길가의 나무들, 얼어붙은 땅속, 차갑고 움츠러든 세상 속에서도 어느 순간 봄이 올 준비를 하고 있다는 확신이 듭니다. 그런 작은 변화들은 우리의 마음을 설레게 하고, 봄을 기다리게 만듭니다.

새봄은 새로운 시작을 의미합니다. 겨울이 지나가면, 모든 것이 다시 시작되기 때문입니다. 얼어붙은 땅이 녹고, 잃어버린 색이 돌아옵니다. 움츠러들었던 마음이 서서히 피어나고, 잠재해 있던 희망과 꿈들이 다시 살아납니다. 그것은 삶의 새로운 시작을 준비하는 마음, 자신을 다시 발견하고 치유하는 시간 그리고 변화와 성장을 향한 기대의 표현입니다.

겨울이 아무리 길어도, 봄은 반드시 옵니다.

마무리와 축복의 달
The Month of Closure and Blessing

Dec 1st

 쑥국화 Tansy - 평화

평화는 우리 스스로 만들어야 하는 것이다. 로사 파크스

◇◇◇◇◇◇

바깥의 세상은 끊임없이 변화하고, 그 변화에 영향을 받지 않기란 쉽지 않습니다. 분주한 일상과 끊임없는 소음 속에서, 마음의 평화는 점점 더 어려운 목표처럼 느껴질 때가 많습니다. 마음의 평화는 자신의 감정과 생각을 잘 다루는 데서 시작됩니다. 잠시라도 마음을 가라앉히고, 자신의 감정이 무엇인지, 무엇 때문에 마음이 흔들리는지 살펴보는 시간이 필요하겠지요.

삶에는 우리가 통제할 수 없는 많은 일들이 존재합니다. 그것들을 자신의 마음에 담아두고 싸우려 한다면, 마음의 평화는 찾아오기 어렵습니다. 불필요한 생각이나 감정을 비우는 것이 중요합니다. 분노, 미움, 걱정, 두려움과 같은 감정들은 우리를 지치게 할 뿐이니까요. 이 감정들을 수용하고, 그들을 놓아주는 것만으로도 마음의 평화는 한 걸음 더 가까워집니다.

Dec 2nd

 이끼 Moss - 모성애

어머니의 속삭임은 언제나 달콤하다. 미상

◇◇◇◇◇◇

『엄마의 사랑이 당연한 줄 알았다』 나혜옥, 솔아 북스 2024

평범한 날이 가장 큰 행복임을 깨닫게 해준 책입니다. 요즘 우리는 너무나 바쁩니다. 눈앞의 일들에 치이며 하루하루를 보내다 보면 가장 소중한 것들조차 당연하게 여깁니다. 이 책은 치매 판정을 받은 어머니와 함께한 딸의 간병 일기이자, 우리가 잊고 살았던 엄마의 사랑에 대해 묵직한 메시지를 던지는 이야기입니다.

엄마의 사랑이 당연한 줄 알았다.

얼마나 많은 사람들이 이 문장에 공감할까요. 저 역시 그랬습니다. 너무나 당연하게 느껴졌던 엄마의 사랑. 어느 날 갑자기 엄마를 잃은 후, 그 당연함이 얼마나 큰 축복이었는지를 뒤늦게 깨달았습니다. 울음 꼭지가 되어버리는 엄마라는 단어는 여전히 그리움이고 아픈 단어입니다.

Dec 3rd

 라벤더 Lavender - 기대

기대를 낮추면 세상은 더 아름다워진다. 앨런 왓츠

◇◇◇◇◇◇

깊이를 알 수 없는 혼란의 날.

어느 날, 도시 한복판에 거대한 씽크홀이 생겼습니다. 아무런 예고도 없이, 아무런 전조도 없이. 사람들은 두려움에 떨었고, 건물들은 위태롭게 흔들렸으며, 모든 것이 한순간에 빨려 들어갈 것만 같았습니다. 그저 두려워했고, 피했고, 모른 척했습니다. 균열은 보이지 않는 곳까지 번졌습니다. 어쩌면 이 도시는 이미 오래전부터 내부가 비어 있었는지도 모릅니다.

하지만 사람들은 포기하지 않았습니다. 누군가는 밧줄을 던졌고, 누군가는 손을 내밀었으며, 또 다른 누군가는 꺼져 가는 빛을 붙잡았습니다. 서로의 손을 맞잡고, 하나둘 힘을 보태며, 모두가 함께했습니다. 씽크홀은 여전히 깊고, 그 끝을 알 수 없었지만, 사람들의 빛은 점점 강해졌습니다. 땅 위에는 다시 길이 만들어졌습니다. 누구도 씽크홀을 없앨 수는 없었지만, 우리는 그 위를 건너는 법을 배웠습니다. 어둠이 아무리 깊어도, 함께라면 다시 걸을 수 있음을 알게 된 것입니다.

도시는 다시 살아났습니다. 그리고 이제 알게 되었습니다. 우리가 서 있는 이 땅은 완벽하지 않다는 것을. 하지만 서로를 지켜볼 때, 서로의 손을 놓지 않을 때 그 어떤 씽크홀도 우리를 삼킬 수 없다는 것을.

Dec 4th

 수영 Rumex - 애정

좋은 친구는 별과 같다. 보이지 않을 때도 언제나 거기에 있다. 미상

◇◇◇◇◇◇

마음이라는 친구가 있습니다.
그 친구는 참 욕심이 많습니다.
누군가 찾아와 자신을 쉼 없이 챙겨주고 아껴주기를 바랍니다.
마음이라는 친구가 있습니다.
그 친구는 잘 삐지고 화를 내기도 합니다.
누군가 다가와 퉁명스럽게 대하거나 애정 어린 눈길을 주지 않으면
떠나버립니다.
하지만 본디 마음이란 친구는 다가오는 것이 아니라
다가가는 것이 원래 참모습입니다.
그 친구가 다가가는 다른 마음은 정말 행복할 테니까요.

Dec 5th

 앰브로시아 Ambrosia - 행복한 연애

연애가 주는 최대의 행복은 사랑하는 여자의 손을 처음으로 잡는 것이다. 제레미 벤담

◇◇◇◇◇◇

행복한 연애의 핵심은 소통입니다. 진정한 대화와 소통은 서로를 더 깊이 이해하고, 신뢰를 쌓는 데 큰 역할을 합니다. 어려운 일이 있거나 감정의 변화가 생길 때, 그것을 서로 솔직하게 나누는 것이 중요합니다. 행복한 연애는 각자의 독립적인 시간을 존중하는 것에서 더욱 깊어집니다. 많은 시간을 같이하고 싶지만, 각자의 개인적인 시간도 필요합니다. 친구와의 만남, 취미 활동, 개인적인 성장에 필요한 시간은 두 사람의 관계를 더욱 건강하게 만들 것입니다. 개인적인 시간을 존중하고, 자신의 시간을 갖는 것은 서로를 인정한다는 것입니다.

Dec 6th

 바위취 Creeping Saxifraga - 절실한 사랑

위대한 사랑일지라도 참고 견뎌내야만 한다. 가브리엘 샤넬

◇◇◇◇◇◇

절실한 사랑은 자신의 욕심을 뒤로하고, 상대방을 위해 기꺼이 희생할 준비가 되어 있는 사랑입니다. 그 희생은 거창한 것만이 아닙니다. 일상 속 작은 행동들—서로의 마음을 이해하려는 노력, 힘든 순간에 손을 내미는 것, 상대방이 필요할 때 곁에 있어 주는 것—이 모두 절실한 사랑을 표현하는 방식입니다. 사랑하는 사람을 위한 헌신은 그 사랑을 더욱 진실하고 깊이 있게 만듭니다. 상대방을 위한 행동이 나에게도 기쁨이 된다는 사실은, 사랑이 얼마나 절실한지 잘 보여줍니다. 완벽한 사람은 없지만, 그 사람의 부족한 점과 아픈 부분도 포함하여 그를 사랑하는 것이 진정한 사랑입니다. 상대방의 결점을 받아들이고, 그것마저도 사랑하는 것은 진정한 의미에서 사랑이 깊어진다는 증거입니다. 결점을 숨기지 않고 서로 드러내는 관계 속에서 진실한 사랑은 자라니까요.

Dec 7th

 양치 Fern - 신뢰

우정은 사람 사이의, 신뢰의 꽃이다. 존 밀턴

◇◇◇◇◇◇

진정한 친구란 기쁨을 함께 나누고, 어려움 속에서도 곁을 지켜주는 사람입니다. 하지만 이러한 우정을 오랫동안 유지하려면 신뢰가 필수적입니다.

관포지교管鮑之交. 관중과 포숙아는 젊은 시절 함께 생선 장사를 하던 동업자였습니다. 그런데 이상한 일이 일어났습니다. 장사를 할 때마다 관중이 항상 더 많은 돈을 가져가는 것이었습니다. 이를 본 주변 사람들은 포숙아에게 말했습니다.

-관중은 너를 속이고 있어! 너만 손해 보는 거야!

하지만 포숙아는 웃으며 대답했습니다.

-관중은 나를 속이는 것이 아닙니다. 집안이 가난해 당장 돈이 더 필요하기 때문입니다.

포숙아는 친구의 행동을 단순히 눈앞의 이익으로 판단하지 않았습니다. 그는 친구의 사정을 이해했고, 작은 돈 때문에 우정을 잃지 않았습니다.

세월이 지나도 변하지 않는 단 한 명의 친구. 그런 친구가 있다면 우리는 이미 인생에서 가장 큰 보물을 가진 것이 아닐는지요.

Dec 8th

 갈대 Reed - 깊은 애정

사랑은 발견되는 것이 아니라 만들어지는 것이다. 로버트 하인라인

◇◇◇◇◇◇

사랑은 언어와 맞닿아 있습니다. 누군가에게 사랑을 표현할 수 있는 가장 열렬한 방법은 그로부터 발생한 언어를 끝없이 생성하고 전달하는 것일 겁니다. 이러한 관점에서 편지는 그 사람에게 보내는 가장 깊은 애정의 표현이겠지요. 종이를 배곡하게 채우는 텍스트는 한때의 감상이 아니라, 쓰이고 읽히고 다시 읽히는 순간까지 끝없이 역동적으로 살아 움직입니다.

요즘 뉴스를 보노라면 사람들의 말과 표정이 지나치게 진지해지고 딱딱해졌다는 인상을 받습니다. 인간적인 활기를 잃어가는 사회의 원천에 흐르는 것이 가장 인간적이라는 것을 깨달을 때마다, 시름에 잠깁니다. 하지만 세상의 어느 편에서는 애정 어린 입맞춤을 보낼 수 있는 이가, 입맞춤에 화답할 수 있는 글을 쓰고 있을지도 모릅니다. 이 글을 쓰는 나도, 이 복잡하고 딱딱한 세상에 애정 어린 마음으로 어색한 입맞춤을 돌려보냅니다.

Dec 9th

 국화 Chrysanthemum - 고결

고결한 마음이 원하는 인간이 되게 한다. 제임스 앨런

◇◇◇◇◇◇

보기 드문 인격을 갖고 있는가를 알기 위해서는 여러 해 동안 그의 행동을 관찰할 수 있는 행운을 가져야 합니다. 그 사람의 행동이 온갖 이기주의에서 벗어나 있고, 어떤 보상도 바라지 않으며, 그런데도 이 세상에 뚜렷한 흔적을 남겼다면 우리는 틀림없이 고결한 인격을 만났다고 할 수 있습니다.

고결한 마음은 때로 자신을 희생하면서도 용기 있게 옳은 일을 선택하는 마음입니다. 세상이 부당하거나 불공정할 때, 침묵하지 않고, 그 부당함에 맞서 싸우려는 용기입니다. 희생을 두려워하지 않고, 자신보다 타인의 이익을 우선시하는 태도는 고결한 마음을 더욱 빛나게 만듭니다.

Dec 10th

 빨간동백 Camellia - 고결한 이성

이성은 인간이 가진 가장 고귀한 선물이다.
하지만 이를 올바르게 사용하는 것은 각자의 몫이다. 칸트

◇◇◇◇◇◇

이성적 사고는 논리와 분석을 바탕으로 하지만, 그 분석이 도덕적인 원칙을 따를 때 고결한 이성이 됩니다. 공정함, 정직, 배려와 같은 도덕적 가치가 결합한 이성입니다. 어려운 상황에서 감정이나 즉각적인 이익을 추구하지 않고, 무엇이 옳고, 그른지에 대한 명확한 기준을 가지고 결단을 내립니다. 깊은 고민과 성찰을 거친 후, 타인에게 미칠 영향을 고려하여 최선의 선택을 합니다. 도덕적 가치와 사회적 책임이 결합된 고차원적인 사고입니다.

Dec 11th

 단양쑥부쟁이 Fig Marigold - 애국심

한 사람이 나라를 바꾸는 것이 아니라 모두가 함께 나라를 바꾸는 것이다. 백범 김구

◇◇◇◇◇◇

진정한 애국심은 국난 속에서 빛을 발합니다. 어려운 시기에 국민이 하나 되어 협력할 때, 국가는 더욱 강해지고 발전할 수 있습니다. 또한, 애국심은 비판적 사고를 바탕으로 나라가 올바른 방향으로 나아갈 수 있도록 돕는 역할도 합니다.

애국심을 실천하는 방법은 다양합니다. 법을 준수하고 사회의 규범을 따르는 것, 환경을 보호하고 지역 사회에 기여하는 것 그리고 역사와 문화를 존중하는 것 모두가 애국심의 표현입니다. 우리 모두 자신의 자리에서 최선을 다하고 서로를 존중하며 살아갈 때, 진정한 애국심이 실현될 것입니다.

Dec 12th

 목화 Cotton Plant - 우수

가을은 두 번째의 봄이다. 단, 모든 잎이 꽃이 되는 계절일 뿐. - 알베르 카뮈

◇◇◇◇◇◇

마치 가을비가 내린 후 젖은 나뭇잎처럼, 마음 한구석에 서린 잔잔한 슬픔입니다. 슬픔이 강물처럼 흐르는 것이라면, 우수憂愁는 이슬처럼 맺혀 있는 느낌입니다. 어떤 날은 창가에 앉아 빗소리를 들으며 알 수 없는 감정에 잠기기도 합니다. 지난날의 기억이 불현듯 떠오르고, 사라진 시간들이 손끝에서 흩어집니다. 과거와 현재를 이어 주는 감정입니다.

예술과 문학이 탄생하는 배경에는 우수가 깃들어 있습니다. 마음속의 깊은 아련함은 한 편의 시가 되고, 한 폭의 그림이 되기도 하니까요.

Dec 13th

 자홍색 국화 Chrysanthemum - 사랑

그 사람을 사랑하는 게 아픈 일이라면, 그 아픔도 나의 일이라 여기겠다. 파블로 네루다

◇◇◇◇◇◇

서재의 책들을 정리하다가 32년 전의 영화 포스터를 발견했습니다. 위태로운 남녀의 방황하는 청춘과 사랑 이야기, 〈퐁네프의 연인들〉레오 까락스, 프랑스 1992입니다. 알렉스와 미셸이 불꽃놀이가 한창인 퐁네프 다리 위에서 춤을 추고, 서로의 마음을 확인하는 장면은 이 영화를 사랑할 수밖에 없게 만듭니다. 치밀하게 계획된 사랑이 아니라 그저 본능적으로 이끌려 사랑에 빠지는 내용이라 더욱 좋았습니다. 어딘가 모르게 슬픈 분위기가 느껴지는 것도.

드니 라방의 연기는 실제 노숙자를 데려온 것 같이 자연스럽고 현실적이었습니다. 정제되지 않은 듯한 그는, 사랑에 있어서 투박하고 순수한 인간상을 표현한 듯합니다. 자신의 감정을 주체하지 못해 날 것 그대로의 사랑을 하는, 폭력적인 게 아닌가 싶을 정도로 말입니다. 집착은 사랑이 될 수 없는 걸까요. 그를 보고 있으면 꼭 그렇지만은 않은 것 같습니다. 길고 긴 인생에서 잠깐 타오를 거라면 이런 미친 사랑 한 번쯤 해보는 것도 나쁘지 않은 것 같습니다.

Dec 14th

 소나무 Pine - 용감

용기는 일상에서 찾아지는 작은 결단과 행동 속에 있다. 미상

◇◇◇◇◇◇

용감한 사람들은 두려움을 직시하면서 자신의 선택을 믿고 행동합니다. 자신이 맡은 역할이나 책임을 다하기 위해, 때로는 큰 위험을 감수하고, 스스로를 넘어서는 결단을 내립니다. 전쟁터에서 용감히 싸운 병사들이나, 위기에 처한 이들을 구하기 위해 구조활동을 이어가는 소방관들은 두려움을 알고 있지만, 그보다 더 큰 가치를 위해 자신의 두려움을 극복하고 나아갑니다.

그들의 특징 중 하나는 자신이 믿는 바를 지키기 위한 싸움을 멈추지 않는다는 점입니다. 사회적 압력이나 규범에 도전하고, 불합리한 상황에 맞서 싸웁니다. 역사 속에서 많은 인물들이 자신의 신념을 지키기 위해 극단적인 선택을 했거나, 고통을 감수하며 싸운 예가 많습니다. 마틴 루터 킹, 넬슨 만델라, 간디와 같은 인물들은 자신들의 신념을 위해 사회적 억압에 맞서 싸웠으며, 그 과정에서 많은 고통과 위험을 감수했습니다.

용감한 사람들은 어떤 상황에서도 포기하지 않습니다.

Dec 15th

 서향 Winter Daphne - 불멸

불멸을 꿈꾸지 말고, 오히려 지금을 가치 있게 살아라. 마하트마 간디

◇◇◇◇◇◇

물리적인 세계에서는 모든 것이 태어나고, 성장하고 언젠가는 사라집니다. 그러나 사람들의 기억 속에 남아 있는 것들은 어느 부분 불멸성을 띠기도 합니다. 예술가나 역사적인 인물들은 죽은 후에도 사람들의 마음속에 살아있으니까요. 그들의 작품, 행동 또는 그들이 남긴 영향력은 시간이 지나도 사람들 사이에서 계속해서 회자되고, 그로 인해 그들은 불멸의 존재처럼 여겨집니다.

많은 철학적, 종교적 전통에서는 인간의 영혼이 죽음을 넘어 영원히 존재한다고 믿습니다. 기독교에서는 신이 창조한 영혼이 육체의 죽음 이후에도 영원히 살아있다고 믿으며, 힌두교와 불교에서도 윤회를 통해 영혼의 불멸성을 말합니다. 이러한 믿음은 삶의 끝을 평온함으로 인도하며, 죽음 이후에도 어떤 형태로든 계속 존재할 수 있다는 희망을 전합니다.

Dec 16th

오리나무 Alder - 장엄

장엄함은 인간의 노력이 아니라, 자연의 섭리와 우주의 질서 속에 숨겨져 있다. 뉴턴

◇◇◇◇◇◇

산의 경사는 가파르고 험난하지만, 그 안에는 자연의 순수한 아름다움이 가득합니다. 산등성이를 따라 늘어선 나무들은 바람에 흔들리며 속삭이고, 작은 폭포가 절벽을 타고 쏟아져 내려 시원한 물소리를 남깁니다. 바위들 사이로 자생하는 풀들은 강한 생명력을 드러내며, 그곳이 척박한 환경임에도 불구하고 꿋꿋이 살아가는 모습을 보여줍니다.

저 멀리 보이는 산의 능선은 어두운 그림자 속에서 가볍게 윤곽을 드러내고, 그 위로는 끝없이 펼쳐진 하늘이 덮고 있습니다. 대자연의 품속에서 길게 늘어진 안개가 서서히 내려앉아 산을 감싸며, 그 신비로운 풍경은 보는 이를 마치 다른 세계로 인도하는 듯합니다.

산은 평화와 고요함이 주는 위안과 깊은 감동을 전합니다. 산에 오르면 이 세상에서 겪는 모든 혼란과 고난을 잠시 내려놓고, 대자연에서 완전한 존재가 될 수 있을 것 같습니다. 장엄한 산은 깊은 영감을 주는 신비한 존재입니다.

Dec 17th

 벚꽃난 Honeysuckle - 동감

동감은 사랑의 또 다른 이름이다. 아리스토텔레스

◇◇◇◇◇◇

내가 어떤 이야기를 흥분하면서 말하면, 내 이야기를 듣던 상대도 덩달아 흥분된 반응을 보이는 경우가 있습니다. 어떤 이야기를 무덤덤하게 말하면, 내 이야기를 듣던 상대도 별다른 흔들림을 보이지 않는 경우 또한 많습니다. 사람의 뇌에는 거울 신경이 있다고 합니다. '거울 뉴런'이라고도 하는 거울 신경은, 타인의 행동을 마치 내 행동인 것처럼 느끼도록 만듭니다.

나는 타인을 공감한다고 생각했는데, 그것은 단지 내 감정을 타인에게 입혀 놓은 것일 때가 많았습니다. 세월이 한 겹씩 쌓일 때마다 내 상황이나 결심에 따라 새로운 일들을 하게 되고, 내 경험이 풍부해질수록 '이럴 때는 이렇게도 느낄 수 있구나'를 다양하게 깨닫습니다. 그 알아차림의 순간들은 또 다른 공감 능력 기르기의 재료가 되겠지요. 하지만 사람의 느낌이라는 것은 무한대의 상황에서 무한대의 종류로 가능하니, 공감 능력은 완성될 수 없지 않을까요.

Dec 18th

 세이지 Sage - 가정의 덕

진정한 행복은 집 안에서 사랑을 나누고, 서로를 존중하며 함께 성장하는 데 있다. 미상

◇◇◇◇◇◇

화목한 가정들은 대개 공통점을 가지고 있습니다. 그것은 잘못된 일에 대해 책임을 회피하려 하기보다는 자신의 잘못으로 돌리려 하는 것입니다. 어떤 가정에서 방바닥에 누가 물그릇을 내려놓았습니다. 그런데 그만 아이가 지나가다가 발로 차서 물이 바닥에 쏟아졌습니다. 이 광경을 본 할머니는 제일 먼저 달려와 "내가 먼저 보고 치워야 하는데 내 잘못이야"하고 미안해하셨습니다. 아들은 "제가 물을 먹고는 바로 치운다는 게 그만 잊어버렸습니다. 제 잘못입니다"하며 어쩔 줄 몰라 했습니다. 부엌에서 달려온 며느리는 "제가 좀 잘 살펴야 하는데 제 잘못입니다"하며 자신을 탓합니다. 손자는 "제가 조심해서 걸어야 하는데 잘못했어요"라면서 자신의 실수를 인정합니다. 그러니 싸움이 일어날 일도, 다툴 일도 없었겠지요. 똑같은 일이 우리 가정에서 일어났더라면 결과는 어찌 되었을까요.

Dec 19th

 스노 플레이크 Snowflake - 아름다움

영면은 가장 고요한 아름다움이다. 고요함 속에서 우리는 영원히 존재한다. 미상

◇◇◇◇◇◇

사람이 영면에 든다는 것은 생명체로서의 활동을 멈추는 것뿐만 아니라, 그 사람의 존재가 사라지지 않는다는 믿음을 품게 만드는 존재의 변화를 상징하는 것인지도 모릅니다.

많은 이들은 죽음을 두려워하고 피하려 합니다. 그러나 영면은 그런 두려움을 잠재우는 평온함을 느끼게 해줍니다. 삶을 살아온 과정에 대해 후회하거나 미련을 갖기보다, 그 여정을 온전히 수용하며 끝이 다가올 때 자연스럽게 받아들이게 되니까요. 영면은 그 모든 것이 완성된 뒤 편안하게 잠드는 것처럼, 그 사람의 모든 것이 이루어진 상태에서의 아름다움과 평화로운 끝을 의미합니다.

Dec 20th

 파인애플 Pineapple - 완전무결

완벽하지 않다는 것은 인간다움의 본질이다.
완전무결은 우리의 능력 범위를 넘어서는 꿈에 불과하다. 프리드리히 니체

◇◇◇◇◇◇

인간이 행복할 수 있는 두 가지 방법이 있습니다. 갈망하는 대상을 취해 욕망을 충족하거나, 좋은 순간을 그저 만끽하는 것입니다. 원하는 것을 '갖는' 것과 '누리는' 것 중에 당신은 무엇을 선택하겠습니까. 하지만 안타깝게도, 이는 모두 행복하다고 믿어야 하는 전제가 숨어 있습니다. 행복은 감각이 아니라 생각일 뿐이며, 그 생각은 찰나의 만족감이 불러온 착각이기 때문입니다.

"행복이 그저 인간의 광기와 방황에 불과하다는 사실은 내 삶이 전멸했다는 불변의 증거다." 이 얼마나 희망적인 농담이며 완전무결한 행복의 환상일까요. 만약 쇼펜하우어의 쓰디쓴 격언에 몸서리가 쳐진다면, 이것만 기억하세요. 우리의 감각은 고통 앞에서만 깨어난다는 것을.

Dec 21st

 박하 Mint - 덕

덕이란 단지 올바른 일을 하는 것이 아니라, 올바른 마음으로 하는 것이다. 공자

◇◇◇◇◇◇

우연히 '덕과 덕의 함양'이라는 글을 읽었습니다. 이 글을 읽으면서 인상 깊었던 부분은 덕의 교육에 관한 부분입니다. '덕'이라는 것을 가르칠 수 있느냐 없느냐에 관한 논쟁도 흥미로웠고, '덕'이 상대적인 것인지 절대적인 것인지에 관한 여러 학자의 의견을 읽는 것도 의미 있었습니다.

우리들은 사회생활을 통한 경험, 부모님이나 선생님 등 주변 사람들의 배려, 스스로의 노력으로 덕 있는 사람이 됩니다. 아리스토텔레스는 이 과정에서 습관화를 강조했습니다. 행동의 반복과 비판적 평가 방법 습득의 과정을 거치면서 아이들이 그렇게 행동하는 것을 즐길 수 있도록 만들어야 한다는 것입니다. 역시 교육이 필요한 걸까요.

Dec 22nd

 백일홍 Zinnia - 행복

행복은 내가 가진 것을 감사히 여기고, 내가 하는 일에서 의미를 찾을 때 찾아온다. 미상

◇◇◇◇◇◇

봄에는 누구나 자주 감격합니다. 희망적인 사람이 되는 것입니다. 나에게도 봄이란 계절은 메말라 있던 감정이 다시금 솟아나는 감격 그 자체입니다. 새싹을 보며 봄의 신호를 알게 되고, 꽃망울을 보며 내가 살아있음을 느낍니다. 그 꽃망울들의 아름다움을 고스란히 느낄 수 있는 모든 감각에 감사할 따름입니다. 더불어 그런 소소한 행복을 느끼는 일에 동참할 수 있다는 사실은 나를 희망적인 사람으로 만듭니다. 모든 것이 피어나는 봄. 만물에 생기가 돋고, 그런 사실에 동력을 얻어 활력이 넘칩니다. 그러므로 나는 행복한 사람입니다.

Dec 23rd

 플라타너스 Platanus - 천재

천재가 된다는 것은 세상의 법칙을 뛰어넘는 생각을 한다는 것이다. 알버트 아인슈타인

◇◇◇◇◇◇

최근에 부쩍 천재라는 단어를 빈번하게 접하는 것 같습니다. 축구 천재, 수학 천재, 음악 천재 등. 가만히 생각해 보면, 우리 사회가 천재라는 단어의 사용에 무척이나 관대한 것 같습니다.

모차르트에게 작곡이란 머릿속에 이미 정리된 것을 그냥 오선지에 옮겨놓는 것에 불과했습니다. 하지만 재미있는 것은, 모차르트의 콘첼토들은 거의 포맷이 비슷합니다. 일종의 공식 안에서 음악을 만들었다고나 할까요. 하지만, 이 비슷비슷한 콘첼토들은 예술입니다. 들으면 들을수록 감칠맛이 나니까요.

만약 모차르트가 626개의 작품을 작곡한 것이 아니라, 10여 개의 작품만 쓰고 사망했다면, 우리는 과연 그를 천재라고 기억할까요? 물론 숫자가 중요한 것은 아니지만, 600개가 넘는 그 작품들은 하나같이 심금을 울리는 곡들이고, 모차르트 자신만의 목소리로 만들었다는 것은 실로 대단한 업적입니다. 즉, 천재란 그에 걸맞는 업적을 남겼을 때 비로소 천재라고 기억되는 것입니다.

Dec 24th

 겨우살이 Loranthaceae - 강한 인내심

인내는 우리가 어려운 상황에서 다시 일어설 수 있는 힘을 준다. 루퍼트 머독

◇◇◇◇◇◇

인내심은 참고 견디는 것이 아니라, 끊임없이 노력하며 성장하는 과정입니다. 운동선수가 경기에서 우승하기 위해서는 꾸준한 훈련과 연습이 필요합니다. 인내하며 노력하는 사람은 끝내 성취를 맛볼 수 있습니다. 이는 공부, 일, 인간관계에서도 마찬가지입니다.

인내심은 감정 조절과도 깊은 관련이 있습니다. 분노나 초조함에 휩싸이면 이성적인 판단을 하기 어렵고, 그로 인해 실수를 저지를 가능성이 높아집니다. 하지만 인내심을 기르면 감정을 조절하고 냉정한 태도를 유지할 수 있어, 더 나은 결정을 내릴 수 있습니다. 그러나 인내심을 기르는 것은 결코 쉬운 일이 아닙니다. 꾸준한 연습과 반복으로 인내심을 키우고, 작은 성취를 통해 스스로를 격려하며 나아가는 것이 중요합니다.

Dec 25th

 서양호랑가시나무 Holly - 선견지명

미래를 알 수 없다면, 준비하는 것이 최고의 선견지명이다. 헨리 키신저

◇◇◇◇◇◇

삶에서 성공과 실패를 가르는 중요한 요소 중 하나는 '준비'입니다. 준비는 미래를 예측하고 대비하는 능력, 즉 선견지명과 연결됩니다. 과거와 현재를 바탕으로 다가올 일을 예측하고 철저히 준비하는 사람은 어떠한 상황에서도 유리한 위치를 차지할 가능성이 큽니다.

학업이나 직장 생활에서도 준비된 사람과 그렇지 않은 사람의 차이는 큽니다. 시험을 앞두고 꾸준히 공부한 학생과 벼락치기에 의존한 학생 중 누가 더 좋은 성적을 받을지는 명확합니다. 또한, 직장에서도 미리 시장의 변화를 읽고 대비한 사람은 경쟁력을 갖추고 더욱 발전할 기회를 얻습니다.

우리는 완벽한 미래를 예측할 수 없지만, 철저한 준비를 통해 돌발 상황에도 침착하게 대처할 수 있습니다. 작은 습관이라도 미리 계획하고 대비하는 것이 결국 더 나은 삶을 만들어줍니다. 준비하는 것이야말로 진정한 선견지명의 시작입니다.

Dec 26th

 크리스마스 로즈 Christmas Rose - 추억

기억이라는 이름의 여행, 시간을 되돌리는 유일한 길이자 미래로 건너가는 든든한 징검다리. - 다니엘 레티히

◇◇◇◇◇◇

제가 기억하고 좋아하는 스승님들의 말씀 가운데 "많이 알고 있는 사람이 가장 쉽게 이야기한다"라는 말을 좋아합니다. 누구에게나 이해하기 쉽게 이야기해 주는 것이 전문 분야에서 얼마나 깊고 넓은 시각을 가져야만 가능한 일인지는 한참 후에 알게 되었지만 말입니다.

『추억에 관한 모든 것』 다니엘 레티히/김종인 역, 황소자리 2016

기억과 향수의 흥미로운 세계를 역사, 과학, 의학, 경제학의 맥락에서 탐구한 책입니다. 저자 다니엘 레티히는 지난 시절을 왜 그리도 즐겨 반추하는지, 그때 그 시절의 노래와 영화와 이야기를 소환하는 게 지금 내 삶에 끼치는 영향은 무엇인지. 문득문득 떠오르는 기억은 우리의 미래에 어떤 메시지를 주는 것인지를 유익하고 재미있게 전하고 있습니다. 추억은 가장 진한 감정의 향기입니다.

Dec 27th

매화 Prunus Mume - 맑은 마음

가족은 우리가 세상에서 경험하는 가장 깊고, 따뜻한 사랑의 원천이다. 미상

◇◇◇◇◇◇

한 해를 마무리하는 가족 모임을 경남 창원의 큰아들 집에서 했습니다. 결혼 후 3년간 머물렀던 연구소 사택을 뒤로하고 자신들만의 보금자리를 마련해서 집들이 겸 모이기로 한 것입니다. 5시간을 기쁘게 달려갔습니다. 밖은 영하의 날씨였지만 아들 내외의 환한 미소도, 정갈하게 꾸며놓은 신혼집도 참 따뜻했습니다.

가족은 태어나면서부터 시작된 인연입니다. 부모의 품에서 처음으로 느꼈던 온기, 형제자매와 함께했던 웃음 그 모든 순간이 모여 우리의 삶을 채워 갑니다. 이러한 기억들은 시간이 지나도 따뜻함을 잃지 않습니다. 가족이 있음으로써 우리는 살아갈 이유를 찾고, 힘을 얻습니다.

Dec 28th

 석류 Pomegranate - 원숙미

아름다움은 시간이 지나면서 진정한 의미를 찾아간다. 원숙미는 그 진정성에서 비롯된다.
미스티컬

◇◇◇◇◇◇

원숙미는 경험을 통해 다져진 내면의 성숙함입니다. 다양한 삶의 순간들을 겪으며 쌓인 통찰력은 사람을 더욱 깊이 있고 매력적으로 만듭니다. 실패와 성공을 거듭하며 얻은 교훈들은 인격을 단단하게 하고, 자연스럽게 풍겨 나오는 여유와 자신감은 사람들을 편안하게 합니다.

젊음의 미가 신선함과 활력에서 비롯된다면, 원숙미는 조화와 균형에서 옵니다. 세월이 흐를수록 깊어지는 눈빛, 따뜻한 미소, 온화한 태도는 원숙한 아름다움을 배가시킵니다. 원숙미는 나이가 든다고 저절로 생기는 것이 아니라, 살아가는 방식에 따라 만들어지는 것입니다. 깊이를 더해가는 과정에서 자연스럽게 드러나는 원숙한 아름다움은 세월이 주는 선물입니다.

Dec 29th

 꽈리 Winter Cherry - 자연미

자연의 미는 단지 눈으로 보는 것이 아니라, 마음으로 느끼고 깨닫는 것이다.
헨리 데이비드 소로

◇◇◇◇◇◇

화려한 꾸밈이나 인위적인 요소 없이, 오롯이 본연의 모습에서 우러나는 순수한 미학입니다. 자연미는 어떤 형태나 규격에 맞춰지지 않고, 모든 것이 그 자체로 완전하며 고유한 아름다움을 지니고 있습니다. 봄날의 따스한 햇살, 가을의 고요한 바람, 여름의 짙푸른 나무들이 주는 느낌과 고요함처럼, 세상의 변화를 그대로 담고 있는 듯한 느낌을 줍니다.

시간이 흐르면 꽃은 시들고 나무는 잎을 떨어뜨리지만, 그것은 또 다른 아름다움을 만듭니다. 자연은 어떤 형태로든 계속해서 새로운 변화를 겪으며, 그 속에서 변하지 않는 본질적인 아름다움을 유지합니다. 자연미는 인간이 가장 본질적인 곳에서 발견할 수 있는 아름다움입니다.

Dec 30th

 납매 Carolina Allspice - 자애

슬픔은 지나가고, 애통함은 우리가 겪은 사랑의 증거이다. 카를 융

◇◇◇◇◇◇

태국 방콕에서 출발하여 무안공항에 도착한 비행기가 착륙을 시도하던 중 충돌하여 많은 사람이 사망했습니다. 한 해를 마무리하고 새해를 맞이하는 연휴여서 가족 여행자들이 많았다고 합니다.
큰아들 집에서 행복한 시간을 보내고 돌아오는 길에, 슬프고 안타까운 소식을 들었습니다.
도무지 이해할 수 없는 삶이라는 그림.

Dec 31st

 노송나무 Chamaecyparis - 불멸

우리가 남긴 마음속에 산다는 것은 죽지 않는다는 것입니다. 토마스 캠벨

◇◇◇◇◇◇

인류의 불멸에 대한 욕망을 거슬러 올라가 보면 고대 이집트 문명을 만날 수 있습니다. 고대 이집트인들은 노화와 질병을 물리치기 위한 의술 및 마술 체계를 가지고 있었습니다. 그들은 마법을 통해 죽은 이들을 부활시킬 수 있다는 믿음을 바탕으로 시체를 오랫동안 보존하는 기술을 만들어냈습니다. 영혼의 존재를 믿었기 때문입니다.

중국의 진시황제는 죽음을 뛰어넘는 불로초를 구하려고 평생을 바쳤습니다. 현대에 이르러서는 과학이 그것을 대신하고 있습니다. 인간의 수명을 늘리고 영원한 삶에 대한 꿈을 이루기 위한 연구는 지금도 현재진행형입니다. 죽음을 뛰어넘고자 했던 인간의 욕망이 괴물로 부활한 '프랑켄슈타인' 단테에 의해 영혼으로 되살아난 '베아트리체' 영원한 명예를 얻고 후대에 길이길이 남고자 했던 알렉산드로스의 이야기. 하지만 그 어느 것도 우리를 죽음에서 벗어나게 할 수 없음을 보여주는 사례일 뿐입니다.

꽃이 피네

꽃이 피네

초판 1쇄 발행/2025년 9월 17일

지은이/강미애
펴낸이/백선욱
펴낸곳/도서출판 수수께끼
등록/제393-2024-000041호 2024년 10월 11일
주소/경기 안산시 단원구 원포공원2로 6, 위너스오션파크 1138호
TEL/010-9367-0143
E-mail/sunwuk143@daum.net

ISBN 979-11-990220-3-4 03660
가격 18,000원

*이 책 내용의 전부 또는 일부를 재사용하려면
 반드시 저작권자와 도서출판 수수께끼 양측의 동의를 받아야 합니다.